El Rubius

Martina Reis, 2016

B DE BLOK

Barcelona · Madrid · Bogotá · Buenos Aires · Caracas ·
México D.F. · Miami · Montevideo · Santiago de Chile

1.ª edición: mayo 2016
Realización y maqueta: Àtona-Víctor Igual, S.L.

© Martina Reis, 2016
© de las imágenes Thinkstock
© Ediciones B, S. A., 2016
   para el sello B de Blok
   Consell de Cent, 425-427 - 08009 Barcelona (España)
   www.edicionesb.com
   Printed in Spain
   ISBN: 978-84-16712-02-1

DL B 7467-2016
Impreso por QP PRINT

Todos los derechos reservados. Bajo las sanciones establecidas
en el ordenamiento jurídico, queda rigurosamente prohibida, sin autorización
escrita de los titulares del copyright, la reproducción total o parcial
de esta obra por cualquier medio o procedimiento, comprendidos
la reprografía y el tratamiento informático, así como la distribución
de ejemplares mediante alquiler o préstamo públicos.

 ÍNDICE

LA INCREÍBLE, MARAVILLOSA Y ABRACADABRANTE HISTORIA DEL PRESIDENTE DE LOS «ASALVAJAOS»	07
EL RUBIUS EN UN MINUTO	12
TROPECIENTAS COSAS SOBRE EL RUBIUS	26
NO PUEDO PARAR DE CREAR, TRON	31
VIDEOS MADAFACKER	00
ABRAZO DE OSO GRUPAL	00
VOCABULARIO BÁSICO GAMER	00
JUGONES	00
AGRADECIMIENTOS	00

LA INCREÍBLE, MARAVILLOSA Y ABRACADABRANTE HISTORIA DEL PRESIDENTE DE LOS «ASALVAJAOS»

Gamer, Youtuber y Mammuter son adjetivos que pueden parecer insultos salidos de la boca de un extraterrestre malhumorado –en el caso de que los marcianos tengan boca y hablen–. Por si eres de los que piensa que así es, este libro cuenta con un vocabulario SOS, ¡no sufras!

Precisamente, con esas palabrejas se presenta en su cuenta de Twitter el tipo más buscado, querido y odiado del momento. ¿Su retrato? Pelo indomable a lo kawaii, gorra, ropa deportiva o esmoquin con pajarita para lucir en los cada vez más numerosos eventos a los que tiene que asistir.

Sí, criaturitas del Señor, ¡es El Rubius! El defensor de los gatos obesos, el amigo de las sirvientas Yandere y el dueño de los acelerados corazones de millones de «fanes» que le idolatran hasta el llanto en buena parte del planeta. ¿Y cómo se llega a ser todo eso en tan solo unos pocos años? Apuntad: una webcam, un canal en YouTube, mucho humor disparatado, poca vergüenza, pan de pipas y toneladas de trabajo duro.

Nadie sabe si a causa de su sangre vikinga o simple casualidad, pero El Rubius tiene un carácter peleón y una constancia que han resultado clave para convertirse en la superestrella 2.0 que es hoy. Y no lo tuvo fácil, con una vida familiar feliz pero algo agitada y un expediente académico que pedía a gritos una trituradora de papel.

Pero como dice el refrán: si no hay viento, hay que remar. Y eso es lo que comenzó a hacer nuestro héroe en un momento muy especial de su vida. Bueno, más que remar fue acumulando horas y horas de navegación como internauta hasta conseguir los galones de gran *gamer* por méritos propios, que ahora cuelgan de cualquiera de sus coloridas sudaderas. También dio rienda suelta —muy suelta— a sus dotes de humorista a tiempo completo, comunicador y líder. Algo que con paciencia y suerte pudo convertir en lo que es su ministerio a día de hoy.

A pesar del trabajo que supone escalar tan alto en las

empinadas cumbres de Google y lo laborioso de la edición de vídeos, hay mucha gente que todavía no valora lo que hacen youtubers como él. Ante las críticas, como humanoide, se cabrea y hasta ha llegado a ponerse muy triste por algunos dimes y diretes sobre su persona, aunque después ha redoblado la ilusión y la alegría por lo que hace.

La vida de Rubén en estos últimos tiempos está a punto de parecerse bastante a la del genio de la lámpara que interpreta en el anuncio que ha protagonizado para Fanta. Sentado en una nube, con su eterna gorra, le concede al hombre del garrote el gran honor de regalarle algo de su sabiduría. Para ello, este abuelete rural y gruñón, que sufre en sus dominios una plaga de *hipsters*, debe hacerle tres preguntas, pero la impresión del momento al ver a El Ribius —así le llama con una media sonrisa— le hace patinar en su intento: «¿Es realmente el presi de los "asalvajados"? ¿En serio? ¿Usted?»

Rubén, más youtuber que nunca en esta guapada, se sobra y le responde: «Tienes que identificar el *target*, abrir cuentas en YouTube, Twitter, Facebook, Snapchat y continuar con tu línea de *brand management*.» Algo que cualquiera de sus seguidores sabe que él no hizo con premeditación.

Sin comerlo ni beberlo, El Rubius tiene a medio mundo abducido, pero antes de ponerse a levitar y creérselo vive todo lo que le está sucediendo con mucha humildad. Y eso que tener los pies en la tierra seguro que no es tarea fácil para él: no paran de lloverle y nevarle ofertas de trabajo, le piden entrevistas y le ofrecen contratos con cifras capaces de hacer que Mario Bros mueva su bigote de cemento. ¡Una corona de laurel para nuestro ídolo, por favor!

Su estilo youtuber no ha cambiado en lo básico desde que comenzara allá por el 2006, aunque sí el hecho de que cada vez, y coincidiendo con las críticas más feroces y su entrevista con Risto Mejide, habla más de su intimidad y de sus sentimientos. Así, lanzó un mensaje directo al corazón de sus criaturitas que bien podía estar dedicándose a sí mismo. «Algún día llegará un momento en el que te des cuenta de lo que es la vida y lo que te hace verdaderamente feliz y es cuando vas a empezar a ser feliz. Obviamente vas a tener días buenos y días malos como todo el mundo, pero tú tienes el poder de elegir que esos días malos sean mejor. Intenta ver el lado positivo de las cosas. Sé que es difícil a veces, lo sé, pero inténtalo y siempre sé bueno con el resto de las personas.»

Míster Doblas, el rey de la improvisación y de hacer creer al planeta que todo es fácil, después de visionar unos cuantos de sus vídeos, parece sincero, algo tímido y buena persona, de los que con libro propio y un cómic digno del mito que ya es, asombra diciendo que solo hace lo que le gusta y que el éxito desmedido y sus consecuencias negativas compensan porque la gente le quiere.

¿No dan ganas de mudarse a su mundo o por lo menos conocerle un poco más? ¡¡¡Sí!!!

EL RUBIUS EN UN MINUTO

- Nombre de la criatura: Rubén Doblas Gundersen.
- Fecha de nacimiento biológico: 13 de febrero de 1990.
- Fecha de nacimiento virtual: 3 de abril de 2006.
- Estatura: armario ropero.
- Codos: uno de ellos con cicatriz por una caída en bici.
- Pelo: kawaii.
- Mascota: dos gatos obesos.
- Grupo preferido: Linkin Park.
- Su norte es: Eminem
- Comidas preferidas: hamburguesa, pan de pipas, kétchup y pizza.
- Color preferido: verde.
- Horóscopo: Acuario.
- Aficiones: ¿hace falta enumerarlas?
- Pelis preferida: *Oldboys* (versión surcoreana, no el *remake*) y *8 millas*.

- Look: sudaderas de colores, gafas de sol y gorras.
- No puede con: los *hipsters*.
- Carro de la compra: Donuts, bollos y chocolate a mansalva.
- Algunas veces echa mano de colegas para que le graben.
- Pokémon favorito: Charmander.
- Su padrino le sacaba fotos de pequeño mientras dormía.
- Tiene más de 2 billones de visualizaciones, al día cuenta con más de 5 millones de visitas y al día se añaden a su canal como suscriptores una media de 20.000.
- Es una inutilidad para el deporte.
- Le encantan las pulseras
- De pequeño se le daba bien patinar.
- No le gustan los macarrones con queso, pero sí los espaguetis.
- Trabaja sin guion. Graba, edita y monta él mismo.
- En la televisión no se siente cómodo porque no puede ser espontáneo y todo está guionizado.
- La mitad de sus suscriptores son de España y la otra mitad de Latinoamérica.
- Estudió técnicas de imagen durante el bachillerato que realizó en Noruega.

- Su corto de graduación, *Up and down*, sobre un niño que descubre los motivos para seguir en el mundo antes de intentar suicidarse, puede verse en Internet.
- A fecha de hoy se ha posicionado en el puesto 29 como youtuber con más visitas y suscriptores a nivel mundial.
- La pregunta que más veces le han hecho los periodistas: ¿Se puede vivir de YouTube?
- La segunda pregunta que más veces le han hecho los periodistas: ¿Cuándo empezaste a hacer vídeos?
- La televisión no le interesa mucho.
- Antes de ser un youtuber famoso, entre otras cosas producía música; algo que le gustaría seguir haciendo en un futuro.
- Su consejo para ser un buen youtuber es hacer lo que a uno le gusta.
- Objetivo físico: que su papada crezca sana.
- Detesta: las interrupciones cuando está dándolo todo con un videojuego y encontrarse con «fanes» que le miren hasta que los ojos les hacen chiribitas.
- Vídeo con el que se hizo famoso: «Skyrim».
- Fanes: *Fanboys* y *fangirls*.
- No le gusta salir en revistas de adolescentes.
- Idiomas: rubius, inglés, noruego y cubano, MUIYAYOS!!!

- Su frase más famosa: «La vida es una lenteja, o la tomas o la dejas.»
- El mejor consejo que ha recibido: «You just have to FEEL IT IN YOUR BONES», de Jason Derulo.
- De él dicen sus detractores… que es Pewdiepie2.
- De él dicen sus admiradores… que tanta creatividad parecía imposible hasta que llegó él.

DIBUJO MI VIDA

Hace ya un tiempo que muchos youtubers cuentan la historia de su vida en un par de minutos dibujando y escribiendo de manera muy sencilla en una pizarra o con programas del tipo Paint de Windows. Todo el proceso es grabado en vídeo y el resultado mola bastante. Son los *draw my life.*

El Rubius eligió también este meme para resumir todo lo que había vivido desde niño hasta ahora mismo. Parece ser que sus seguidores le habían pedido muchas veces que hiciera uno y él, siempre tan generoso, se puso manos a la obra. Por este *draw,* y por otros muchos vídeos de los que cuelga en su canal, los terrícolas sabemos, por ejemplo, cómo es el pueblo donde vive parte de su familia en Noruega, a qué dedicaba su tiempo de pequeño o a qué le tenía miedo. En realidad, El Rubius no es muy amigo de las entrevistas, así que estos vídeos valen su peso en Latios para sus seguidores.

Como todo bicho viviente, Rubén tiene unos padres. Bueno, la verdad es que él tiene madre, padre y padrino. ¡Like por tanto amor! Su madre vino a estudiar a España desde las frías tierras de Noruega y se enamoró de un español. De ese intercambio cultural nació Rubén, en Málaga; donde vivió tres años. Pero la relación entre sus padres no duró mucho. «Yo era el típico niño de tres años al que no le importaba nada una mierda y un día vi que mis padres estaban discutiendo, estaban tristes y ya no se querían, así que decidieron dejar la relación. Yo la verdad es que no me enteraba de mucho y seguía feliz», ha contado en su *draw my life*.

Su madre entonces decidió volver a Noruega, concretamente a Bergen. ¿Y qué hacía allí nuestro futuro héroe virtual? Pues lo que cualquier niño de su edad, ir a la guarde; pero además intentar adaptarse a un cambio tamaño XXL. Pese al contraste que supuso cambiar buganvillas y sol por nieve y fiordos, él asegura que lo pasó bien en esa época y que en el edificio en el que vivían conoció a estudiantes de muchas partes del mundo, «jahamigos multiculturales». ¿Fap o *Like* por ese vecino árabe que le decía que si no se zampaba toda la comida, Alá bajaría del cielo y le daría con un martillo en la cabeza?

Pasó el tiempo, Alá nunca bajó con el temido martillo y su madre se volvió a enamorar de otro español en Noruega. Rubén no entendía muy bien quién era ese hombre ni qué pintaba en su casa, que, para colmo, no le caía del todo bien. Como no sabía qué decir a sus amigos cuando le preguntaban quién era, se inventó para él el mote de «padrino». Además, le parecía que padrastro sonaba fatal y no dejaba de sorprenderse cuando la gente se refería a él como «su papá» cuando en realidad no lo era.

Los primeros seis meses de convivencia prácticamente no se hablaron por los típicos problemas del idioma y lo extraño que le resultaba ese gigante de pelo largo que cada vez pasaba más tiempo haciéndole compañía. La cosa cambió cuando el padrino le arregló el coche de Batman a Rubén, que le empezó a apreciar un poquito más desde ese momento.

Hoy, la relación entre ellos es tierna y tienen muy buen rollo, como pudo verse en el vídeo «Historias de cuando era joven». Un directo en Hangouts que sirvió para recaudar fondos a favor de Oxfam Intermón y en el que se demostró la generosidad del padrino y la complicidad que tiene con Rubén. Algo que también salta a la vista en «Expediente N», el vídeo de «terror» que grabaron en Noruega y en el que el padrino hacía de monstruo.

Todavía muy pequeño y por esas vueltas mareantes de la vida, los tres regresaron a España como una familia, concretamente a Madrid. Puede que nuestro ídolo llorase alguna vez abrazado a su inseparable Pokémon o pensase que Spiderman, su superhéroe preferido durante esa época, le salvaría de todos aquellos que se metían con él en el cole por tener un acento distinto y chapurrear el «spanoruegish».

Como estudiante, las cosas no mejoraron mucho al empezar el instituto. Para colmo, casi todos los amigos que había hecho hasta entonces se fueron a estudiar a otro centro, y él comenzó a sentirse aislado e incomprendido, como en una burbuja, apático y desconcentrado. Todo eso afectó a sus notas y su madre, según él mismo recuerda, se ponía como Super Saiyan cada vez que las veía. Para quienes no sepan cómo se las gasta este guerrero, solo hay que decir que cuando se enfada, su piel se vuelve amarillenta, el pelo se le eriza a lo punki, le cambia el color de los ojos y se hincha como un globo porque le aumenta la fuerza y la energía. Mejor no encontrarse con él en ese estado.

En realidad, el comportamiento de Rubén estaba relacionado con el TDA. ¡No, estás siglas no son una de las tantas que El Rubius utiliza para hablar y hacer sus vídeos! TDA significa «trastorno por déficit de atención». Tal vez a Rubén no le interesaban especialmente las asignaturas que debía estudiar y tenía cierta dificultad para prestar atención en clase; pero, con TDA y todo, fue capaz de hacer amigos sin mucha dificultad y pasárselo en grande con ellos.

Si su vida mejoraba en ese sentido, por el contario en casa todo se desmoronaba. El padrino y su madre rompieron, y ella y Rubén volvieron a Noruega. El cambio hizo que la historia se repitiera de nuevo: le costaba integrarse y conectar con la gente. A pesar de esos problemas, Rubén ¡consiguió la proeza de volver a empezar de cero y hacer amigos! Y no solo en vivo y en directo. Internet también le dio alguna que otra alegría, porque gracias a la Red conoció a su colega del alma, el granadino Mangel, y se aficionó a YouTube, su auténtico y gran gran gran amigo. Ese fue el momento en que Rubén comenzó a subir algún que otro vídeo —que no vio casi nadie— y a dar sus primeros pasitos en la web más famosa de vídeos.

Y aquí tenemos a nuestro *virtual hero*, entre los noruegos otra vez, cogiendo aviones cada tanto rumbo a España para abrazar y echarse unas risas con sus amigos *spansk*, pero sin olvidar a sus amigos *norsk*. Al acabar el bachillerato ¡con buenas notas!, Rubén regresó a España para vivir con su padrino mientras que su madre prefirió quedarse en su país. Ya instalado en Madrid se decidió a cursar el Grado de Animación y Modelado en 3D, unos estudios que siguió con mucho interés. Lo que demuestra que, síndromes aparte, todos servimos para algo y solo hay que tener paciencia y dar con ello.

Cada vez más entregado a los videojuegos y apoyado por Mangel, pensó en compartir su afición y su humor con el resto del planeta. Una idea que le llevó directamente a las puertas de la gloria universal internetera en el 2011, cuando se tomó más en serio lo que hacía y vio claramente que podía tener posibilidades de ganarse la vida con ello. Durante los dos años siguientes se metió de lleno en Grupo Boomerang TV, junto a Mangel, Panda, Lokillo o Maximus, y trabajó con ellos en BGames, la sección de videojuegos de la actual BLive. ¡La cosa se ponía interesante!

A medida que iba creciendo su popularidad y ya en el top 1, Santiago Segura le llamó para hacer un cameo en *Torrente 5: Operación Eurovegas.* De los brazos de Segura pasó a los de Risto Mejide, al que concedió su primera entrevista en su programa *Al Rincón de Pensar,* de Antena 3. Esta charla casi entre amigos fue muy comentada, porque en ella El Rubius dejó a un lado su personaje y se sinceró hasta las lágrimas, reconociendo que la fama le había traído más infelicidad que alegría durante algún tiempo, que se había apartado de su familia y de sus amigos como una huida hacia delante y que precisamente eso era lo que le había hecho sentirse tan mal.

Un personaje público tan famoso como El Rubius despierta todo tipo de reacciones ante cualquiera de sus movimientos. En esta ocasión, muchos de sus seguidores dijeron que la entrevista había sido una estrategia de imagen. El youtuber Wismichu fue entrevistado en el mismo programa tiempo después y tuvo unas palabras para El Rubius en relación a este asunto. Su compañero fue crítico y duro con él, e incluso llegó a decir que era un hipócrita. Wismichu se empleó a fondo cuando declaró: «Se aprovecha de la fama para ligar. Yo le he visto en discotecas diciendo que era El Rubius a una chica para llevársela a casa. Dice que lo pasa mal con la fama, llora en el programa, pero luego hace eso.»

Sin embargo, la opinión generalizada fue muy positiva, hacia él y hacia el sector que representa, porque, de alguna manera, explicando lo que hacía, daba también a conocer quiénes son y qué hacen el resto de los youtubers.

A parte de sus compromisos públicos y de pasar horas y horas delante de su ordenador, a Rubén le queda tiempo, por ejemplo, para visitar a su familia noruega. En casa de su abuelo pasa las Navidades y algunos veranos, «una aldea un poco fantasma, donde no hay mucha gente». Allí va a pescar con él y con su hermana pequeña, nacida de la relación entre el padrino y su madre. Por cierto, *Fap* para cómo se maneja El Rubius con la caña de pescar en una de esas salidas familiares. Lo único que se lleva a casa son ¡unas plantas asquerosas!

Además de tirar el anzuelo, allí pasa el tiempo paseando, buscando vacas y ovejas (las vaquitas también le adoran y le persiguen), e incluso un año ha participado en el Campeonato Mundial de Escupir Huesos de Cerezas. No lo ganó, pero parece ser que ha prometido concursar de nuevo y volver a intentarlo. Si alguien más decide apuntarse, un consejo: para hacer un buen lanzamiento hay que retorcer bastante la lengua a cuarenta y dos grados en el momento escupir.

Sin duda, El Rubius se lo pasa en grande con su familia y sus amigos, aunque con ellos tenga sus más y sus menos como cualquiera, ya seas héroe, villano o gato. Lo mismo le ocurre en el amor. Cuenta la leyenda que su primera novieta se llamaba Celia, que junto a Gonzy, fue su mejor amiga en España durante algún tiempo. Parece ser que ella se mostraba un poco indecisa con el tema de salir o no con él, pero tuvo tiempo de pensárselo en uno de los viajes de Rubén y cuando él volvió a España, decidieron conocerse más. El Rubius ha contado algunas veces que la popularidad y lo absorbente de su trabajo

23

han hecho que sus relaciones más importantes con chicas no hayan salido bien. También haciendo caso a la leyenda, el fin de la relación entre Celia y él fue precisamente a causa de esto.

Rubén contactaba cada vez con más gente que se suscribía a su Redes y a su canal, como Jannies. Y, milagros de Twitter y misterios del corazón, se gustaron. Ella es su pareja más conocida hasta la fecha, con la que ha llegado a vivir e incluso a tener una gatita, *Hachi*, descendiente directa de los mismísimos gatos de los bosques de Noruega. Incluso con un ser tan mágico y divino en casa, la relación se fue al patatal. Que la cosa iba en serio lo demuestra el hecho de que Rubén se pusiese en plan ultraformal y presentase a Jannies a su familia de Noruega o también que hiciese viajes importantes con ella. Así que, ya fuera por una infidelidad de El Rubius, según apuntan los rumores, o porque la convivencia es más difícil que una partida de *Unfair Mario*, el caso es que la historia entre ellos no pudo ser. Desde entonces a Rubén no se le ha conocido pareja y, según él mismo ha dicho, le parece muy difícil que ahora pueda ni siquiera plantearse tener una. La vida de las estrellas virtuales es así.

TROPECIENTAS COSAS SOBRE EL RUBIUS

1. Practica el optimismo.
2. No le rechifla el fútbol, pero sí ve algunos partidos importantes.
3. Si tiene que elegir un equipo, prefiere el Real Madrid.
4. Uno de sus sueños es vivir en un lugar rodeado de montañas, donde pueda pescar y tener un ejército de gatos obesos con el que conquistar el mundo.
5. Le encanta el helado de chocolate.
6. Su insecto favorito es la mantis.
7. Tiene una hermana por parte de su madre y dos hermanos por la de su padre. A todos les quiere mucho.

8. Las arañas son su mayor fobia.
9. Tuvo que abandonar la fiesta de Año Nuevo en una discoteca madrileña porque temió una estampida.
10. Repitió 2.º de la ESO.
11. *El libro troll* fue uno de los libros más vendidos de 2014.
12. Hubo un tiempo en el que le daba vergüenza hablar en noruego con su familia porque no dominaba el idioma.
13. Los videojuegos son su pasión desde pequeño.
14. La compañía Sony ha confiado en él para promocionar algunos de sus estrenos.
15. Le gustan los gatos desde pequeño y siempre le encantaba visitar a los familiares que los tenían.
16. Su generación ha sido llamada Millennial.
17. Atiende él mismo sus Redes sociales.
18. Con 6 años parecía un espagueti, con 12 se asemejaba a sus gatos obesos, al dar el estirón, a Peter la Anguila.
19. De pequeño era muy malo jugando al fútbol.
20. Sus gatos se llaman *Raspberry* y *Wilson*.
21. Algunas veces echa mano de colegas para que le graben.
22. La policía le detuvo en Noruega, cuando tenía 18 años, por llevar una pistola de mentira mientras grababa un vídeo.

23. De pequeño tuvo más de un amigo imaginario.

24. El Pokémon rojo es su talismán de la infancia.

25. Le encanta todo lo relacionado con Japón.

26. Es tímido.

27. Es el español con más suscripciones de YouTube.

28. Le cuesta decir que no.

29. Siente curiosidad por el más allá.

30. Con 12 años fue a un concierto de Chayanne con su madre.

31. Es un aficionado de los documentales sobre el Universo y los misterios de la Tierra.

32. Ronca.

33. Se enamora fácilmente.

34. A los 16 tonteó con el rap y llegó a componer un par de canciones de este estilo.

35. Le interesaron también los grafitis y el dibujo.

36. No es muy amigo de lo políticamente correcto.

37. Siempre tiene cerca una almohada estampada con un corazón y la cara de su amigo Mangel.

38. Le gusta mucho estar en casa.

39. Le encantan las ediciones para coleccionistas de CD, películas o videojuegos.

40. Le da bastante miedo la oscuridad, siempre duerme con una luz cerca.

41. No le gusta la fama.

42. Se sabe casi todo de su vida.

43. Le molestan las críticas malintencionadas sobre su popularidad.

44. Ha rechazado importantes contratos con algunas cadenas de televisión y hacer publicidad.

45. Le interesa la política.

46. Tiene su corazoncito y ha colaborado con distintas causas benéficas.

47. Usa la empatía.

48. Su vida ha cambiado hasta el punto de verse afectadas sus relaciones sentimentales y amistosas.

49. A veces se estresa porque los viajes interfieren en la programación de su canal y de su web.

50. Estuvo sin salir de casa durante un año por la presión de los fans.

NO PUEDO PARAR DE CREAR, TRON

De entre todas las etiquetas que pueden colocarse a un youtuber la más odiosa es la de pesetero. El Rubius lo sabe bien, porque desde que dio ese salto mortal –del que todavía no ha aterrizado y que ha consistido en pasar del millón a los millones de seguidores–, le han llovido los palos por relacionarse con grandes empresas y rentabilizar su nombre.

¡Pero cómo no le van a querer Sony o YouTube si este chico maravillas ha llegado, en España, hasta donde nadie lo había hecho! Para empezar, ha dado cabezazos virtuales a estrellas como Justin Bieber, Beyoncé o Miley Cyrus, es decir, ha superado a estos «monstruos» en número de seguidores. Su canal rubiusOMG logró ser el primero de

España en número de suscriptores en noviembre de 2012; consiguió el millón en febrero de 2013; en febrero de 2015 se apuntó la proeza de alcanzar los 10 millones de almas afiliadas; y en octubre de ese mismo año contaba con más de 14.000.000. Sus vídeos han sido reproducidos más de 2600 millones de veces. En Twitter, @Rubiu5, tiene más de 4,5 millones de seguidores y hay que añadir los más de 3,4 millones de Facebook. Su web, no se queda atrás. Si El Rubius interviene en alguno de estos espacios, al segundo habrá miles de respuestas en la caja de comentarios. Sí, la cosa da miedito.

Con la calculadora en la mano y teniendo en cuenta lo que paga YouTube, algunos se han dedicado a hacer cuentas. Supuestamente, sus ingresos anuales son astronómicos, gracias a su participación en campañas de publicidad, los royalties de *El libro troll* y su cómic *El Rubius. Virtual hero,* e ingresos varios por otros proyectos, como el doblaje de *Sunset Overdrive*, el juego de Insomniac para Xbox One.

Lo que mucha gente no acaba de comprender fuera del ecosistema de Internet es cómo alguien puede hacerse rico dedicándose a grabar vídeos. A Rubén no le hacen falta grandes metáforas para describir lo que ha ocurrido. «Si tuviera que explicar lo que hago lo resumiría así: creo vídeos graciosos, los edito, los subo a Internet y la gente los ve. Eso es lo básico. Pero va más allá. Cuando sigues a un youtuber se crea una conexión con esa persona. No es como en la televisión donde ves a los actores como inalcanzables, nosotros somos más cercanos al público que nos ve. Aparte, que sean vídeos bien editados también hace que estemos triunfando así.» Así se lo contaba al diario argentino *Clarín*, pero él lo ha dicho muchas veces: hace lo que le divierte y eso, a su vez, divierte a los demás. Una buena filosofía, ¿no?

Pero no todo son risas. El Rubius se pone serio a veces. Como en la campaña «Héroes del patio» organizada por la ONG Save the Children contra el acoso escolar y el cyberbullying. En cuatro capítulos se explica que poner motes, empujar, insultar, burlarse de alguien, dar información muy personal en internet, hacer muecas o pegar es violencia. También que muchos niños y jóvenes sufren estas situaciones en el cole o en el instituto, pero que pueden hacerles frente y superarlas. El Rubius protagoniza el primer capítulo y como entrenador en Hiperdifusión del Centro de Entrenamiento de los Héroes del Patio consigue, con una ayudante muy especial, Byte Face, placar un rumor que va a difundirse en las Redes y demuestra que todos podemos hacer algo, por pequeño que sea, para combatir el acoso escolar.

En la historia *epic* de El Rubius, él mismo es el héroe. Todo comenzó allá por el 2006, cuando Rubén seguía a youtubers estadounidenses y decidió abrir su propio canal e imitarles, básicamente con *gameplays*, es decir comentando un videojuego al mismo tiempo que jugaba. Desde muy pequeño ha sentido un gran interés por los videojuegos. Jugando y jugando con Mangel, mientras se divertían y hacían chistes sobre esos videojuegos, empezaron a creer que si ellos se lo pasaban bien de ese modo, también podrían compartir esas bromas con más gente que tuviese sus mismos gustos e igual sentido del humor.

El Rubius era un habitual de los foros, especialmente del de MeriStation (un canal de videojuegos), Off Topic. Un buen día, nuestro ídolo maquinó la diabólica idea de «spamearlo» con sus propios vídeos, en los que a veces también metía mano Mangel. Nadie se explica cómo –y este es uno de los muchos misterios que rodean a El Rubius–, pero sus ataques tuvieron tanto éxito que allí se hizo con un público fiel y ansioso por ver sus creaciones cada poco tiempo.

Como su número de suscriptores y visitas no paraba de crecer, El Rubius se plateó ganarse la vida con su ordenador. Así, se puso en contacto Machinima –la empresa encargada de proporcionarle el *partner*– para poder iniciar su negocio. Con su visto bueno y con la condición de cambiar el nombre de su canal, que desde entonces y hasta la fecha se llama «elrubiusOMG», Rubén se convirtió, como hemos visto, en un reventador de estadísticas.

Su gran momento llegó con el vídeo de «The Elder Scrolls V: Skyrim», un videojuego de rol de acción del tipo mundo abierto. Su *gameplay* se convirtió en viral y gracias a ello miles de criaturitas se pegaron a su canal como moscas a un pegajoso panal de miel. Por entonces Rubén ya apuntaba maneras: la locura y el disparate eran sus señas de identidad.

El segundo gran asalto lo ganó con la parodia del archifamoso videojuego *Minecraft*, a la que bautizó como «Minecraft en 1 minuto», que volvió a petarlo y subió hasta los puestos más elevados de las cumbres youtubers.

A partir de ahí, lo suyo fue un no parar. Que si troleos en el chat de citas para adultos de Chatroulette, que si videoblogs de sus viajes, respuestas a preguntas de sus seguidores y *sketches* o *challenges,* además de duelos de Pac-Man y sus propias versiones de pelis como *Corazones de acero, The Interview* o *Chappie* para Sony. Todo ello condimentado con humor a raudales y pateando las reglas básicas y mínimas de un guion.

Debido a su éxito, hasta el director de cine Santiago Segura le invitó a participar junto a Mangel en *Torrente 5*. En la peli, los dos amigos aparecen en un cameo, vestidos con la camiseta de la Selección Argentina de fútbol, en un partido. No le costó dar el sí a Segura, pero también es cierto que ha rechazado muchas ofertas jugosas, como él mismo ha confesado: programas y series de televisión, anuncios de maquinillas de afeitar, etc. Rubén es honesto y dice no estar preparado para estos trabajos y no querer dejar de hacer lo que más le gusta ni abandonar a sus fans de Internet.

Lo que sí ha hecho es trabajar con algunas de las *networks* más importantes en YouTube: Boomerang Live, Base 79 o Divimode. La aplicación de mensajería Line fue otra de las muchas empresas que quisieron (y de las pocas que consiguieron) que la imagen de El Rubius les representara. En este caso, un concurso con unos pequeños requisitos para tener el placer de comunicarse con Rubén, que se vio, como siempre, desbordado. «Estoy llamando a mucha gente por LINE ahora mismo, *just saying*. Aunque sois como 100.000.» El resumen de tanta agitación telefónica lo hacía él mismo en Twitter. «Resumiendo, he visto a 1 tío desnudo, a 2 gatos gordos y a 3 chicas llorando (°ᴖ°) así que va a ser difícil hablar con todos xDD».

Sí, ¡su Twitter siempre está echando humo!, pero también ese espacio loco y multicolor que es su canal y que tantas alegrías le ha dado. En él nos abre las puertas de su mundo con una presentación muy de su estilo.

«Bienvenidos a mi canal! Esto es una descripción. Y en la descripción se supone que tengo que poner algo sobre lo que trata mi canal...

»PUES BIEN. Mi canal es de Gayplays de Minecr... Wait. No. Mi canal es de Gayplays en general, pero nunca juego a nada predefinido. Algún día os encontrareis con juegos de terror, otro con juegos divertidos; otro, juegos indie, etc. pero no solo subo Gayplays! Soy más conocido por mis montajes «random» de GTA V, Skyrim (que llevo eones sin subir), Garrys Mod, Juegos en 1 minuto y mucho más!

»A veces también me da por trolear y hago montajes de los mejores momentos en Chatroulette, Trollefono, cámaras ocultas, etc.

»A veces también me pongo tierno y os enseño mi lado más *sessy* y personal en los Meet The Rubius y los Epic Vlogs.

»Mejor me callo y empiezas a descubrir tú de qué va el canal. Porque esto de la descripción ya está pareciendo más bien la teletienda, donde te intento vender la moto. COMPRA MI MOTO.»

Como hemos visto, en unos pocos años han sido muchos los que han comprado su moto y muchas también las anécdotas, malos entendidos, broncas, desmentidos y líos varios que ha protagonizado en su vida y en sus vídeos. De eso sabe algo @unelar, quien al parecer envió unos whatsapps a Mangel a causa de una filtración en las Redes de su número de móvil. A El Rubius se le fue un poco la mano al descalificar a este tuitero de muy malas maneras y meterse con su aspecto. Muchos de sus seguidores no vieron con buenos ojos este gesto tan poco elegante, que proporcionó más artillería pesada a sus aguerridos *haters*.

Las críticas también arreciaron cuando participó en el doblaje de algunos personajes secundarios del videojuego *Sunset Overdrive*, uno de los productos estrella de Microsoft. Para El Rubius era un reto importante y le producía cierto respeto enfrentarse a este trabajo. Después de unas pruebas para comprobar que podía dar bien con los personajes, la compañía dio su visto bueno. Si ya de por sí una grabación de estas características es muy difícil para un profesional, esa dificultad se dobla para un novato como él. Superados los primeros obstáculos, todo parecía marchar a las mil maravillas; pero unos cambios de planificación trastocaron el trabajo de El Rubius. «El personaje que más frases tenía, y el que más ilusión me hacía doblar, lo cambiaron a última hora. Tenía dos fases en el juego, una en la que estaba infectado, y según las instrucciones que me dieron era un personaje con la voz desgarrada, nerviosa y con un tono zombi, y después había *flashbacks* de este mismo personaje en donde es humano y donde pude usar mi voz normal», contó en MeriStation. En resumen, el humano suena como zombi; algo que desconcertó y no gustó a muchos jugadores, aunque fue una decisión totalmente ajena a nuestro héroe. Rubén dio explicaciones a sus seguidores y pelillos a la mar.

Pero para fenómenos paranormales los que vivió una noche de vértigo en su casa del pueblo. El Rubius comenzó escuchando ruidos misteriosos, después advirtió que una luz extraña lucía con intensidad en el cielo y después no pudo por menos que compartir ese miedo extraño con sus extrañados amigos en Twitter. Las primeras líneas fueron solo a modo de observación, pero después se convirtieron casi en un grito desesperado de ayuda. Luz y ruido consiguieron que corriera con desesperación hasta su cuarto para refugiarse en su cama. En ese momento, el pánico no solo se había apoderado de El Rubius, también los perros del lugar ladraban nerviosa e incesantemente; algo que no mejoró el estado de ansiedad en el que se encontraba Rubén.

La psicología ha explicado en muchas ocasiones que el cerebro, en situaciones como la que estaba padeciendo nuestro héroe, se comporta de manera anormal, y esto es lo que le ocurrió a él acto seguido y ya arropado cabeza y todo en su cama. El Rubius colgó una foto de una especie de gran estrella aparecida en Los Ángeles el día anterior, a la que los expertos no habían encontrado una explicación clara. Rubén cruzó los dedos para que fueran alienígenas y lanzó otra llamada a los tuiteros que le seguían ansiosos por saber en qué quedaba todo y no paraban de tuitear y retuitear a @Rubiu5: «Si muero o desaparezco, ya sabéis el porqué.» A las 6.23 de la madrugada se fue a dormir algo más calmado y reflexivo. «Odio que pasen estas cosas y al cabo del tiempo les deje de dar importancia.» Al día siguiente tranquilizó a sus fans con un «Sigo vivo después de lo de ayer. A lo mejor me metieron una sonda rectal y no me di cuenta, pero sigo vivo».

En la sección de sucesos extraños, merece, sin duda, mención especial la visita de un fan que viajó desde Argentina expresamente para conocer a El Rubius. Es sabido por parte de todos sus seguidores la adoración sin límite que tienen hacia él en ese país. Después de llamar a la puerta de El Rubius, le dijo que había viajado hasta allí para verle. Rubius alucinó un poco y le regaló unas gafas en señal de agradecimiento. También una pareja estuvo esperando un día entero delante de su casa para saludarle. Sin duda momentos comprometidos y que le produjeron cierta extrañeza, según ha contado Rubén, pero que dan la medida de en quién se ha convertido este Megazord de YouTube.

La verdad es que no hace falta atravesar el océano Atlántico para poder estar junto a él y se le puede encontrar en los sitios de siempre.

Web AWESOME!
http://www.elrubius.com
Twittah:
https://twitter.com/Rubiu5
FB:
https://www.facebook.com/ElrubiusOMG
YOUTUBE:
http://www.youtube.com/user/elrubiusOMG

☑ VIDEOS MADAFACKA

Ni en la tele ni en los cines. Los vídeos de El Rubius que ven millones de personas en todo el mundo no se estrenan en estos lugares, ni siquiera se graban en sofisticados platós y tampoco cuentan con grandes campañas de marketing. Pero ¿de qué va todo esto? Clicamos en su canal para tenerlo claro. ¡Rubiuz ez multifionez!

1. Troll en Chatroulette. En este chat para adultos despliega toda su adorable maldad. Las caras de los troleados son antológicas.
2. Bloguero épico capaz de reunir un variado de perlas y madreperlas rescatadas de sus viajes por el globo terráqueo: Londres, Los Ángeles, Islandia, Ámsterdam, Málaga o Madrid.

3. Capo insuperable. El Rubius acepta que tiene mejores momentos de sus mejores momentos. Nadie puede imaginarse la ardua labor que debe de suponer seleccionarlos.
4. Jugador en 1 minuto. Ningún juego dura 1 minuto, pero la vida es así: Minecraf, Pokémon o Tera.
5. Gamer feroz. GMOD - TTT, Prop Hunt, Random.
6. Activista del terror. GT Miedo y Sustos Everywhere.
7. *Cheer leader* en Beyond Two Souls.
8. Aventurero hentai en los mundos de Catherine.

El secreto de la edición de los vídeos de El Rubius está mejor guardado que la fórmula de la Coca-Cola, pero se adivina con solo ver uno de ellos: encender la cámara, darle al play y dejar que su imaginación vuele libre. Como ya sabemos, él estudió Animación y sin duda esto le ha ayudado a la hora de construir sus trabajos, pero su estilo propio lo ha ido adquiriendo con la práctica. Tal vez por eso, por esa experiencia, se ríe bastante ante las noticias de la apertura de escuelas para aprender «el oficio de youtuber».

Seamos serios, la mamarrachada suprema y el riesgo máximo son unas de las características de los vídeos de El Rubius. Los hay para todos los gustos y todos los gatos. En el top mundial de los vídeos de El Rubius despuntan unos cuantos de visionado obligatorio, que te pueden transportar a la gloria kawaii o a los infiernos habitados por *hipsters* renegados.

1. MINECRAFT. «MINERO» FT. STARKINDJ.

¿Sabrá Chayanne que su canción «Torero» por fin ha llegado a todos los públicos? Todos los públicos significa que 27 millones de pares de ojos se han fijado en este gran tema inspirado en el videojuego «Minecraft». El Rubius pone su melo-odiosa voz y, como siempre, se encarga de todo lo demás. ¡Cuánto arte comprimido en unos pocos minutos!

2. EL LIBRO TROLL

«Cuenta la leyenda que existe un libro maldito. También cuenta que si no se cumplen todos los retos escritos en ese libro, una maldición caerá en aquel que lo posea. Retos que pondrán a prueba tu estabilidad mental, tu vergüenza y tu paciencia…», explica El Rubius en este vídeo.

En estos últimos tiempos, Rubén ha hecho realidad muchos sueños, como la publicación de su libro, en el 2014, *El libro troll*. Según han explicado sus editores, fue una idea del propio Rubén y consiste en un cuadernillo de actividades –gamberras–, retos geniales, con plátanos, gatos y cubitos de hielo como protagonistas. En sus primeras seis semanas vendió en las librerías 40.300

ejemplares y llegó hasta el número uno en ventas en España durante ocho semanas.

3. VIRTUAL HERO

Hasta los superhéroes de medio pelo se merecen un cómic. El Rubius ya tiene el suyo, con las trepidantes ilustraciones de Lolita Aldea. Su protagonista lo presentó así: «Criaturitas del Señor: esta es una historia épica, llena de acción, con traidores, inocentes, encuentros inesperados, nuevos amigos, mundos de videojuegos de todo tipo y, por si fuera poco, amor..., mucho amor. Y sí, también algo de Rubelángel…»

4. MANERAS DE MOLESTAR A TU COMPAÑERO DE PISO.

¿Quién no ha tenido un compañero de piso con el que pasar un rato agradable… a su costa? En el nido de gatos en que se convirtió el piso que llegó a compartir con Mangel, El Rubius grabó uno de los vídeos más vistos en su canal.

El gran Mangel, que no deja ni un solo minuto de estar concentrado en su pantalla en tanto que El Rubius se comporta como una gallina recién salida del gallinero mientras le molesta incesantemente, es sin duda un amigo muy querido por Rubén. La relación entre ellos se inició cuando ni siquiera se olían la tostada del éxito y la fama *everywhere*. En otro vídeo, El Rubius recrea el momentazo para el recuerdo que supuso el primer encuentro con Mangel. El mundo entero sabe que ellos se conocieron por Internet, como compañeros de partidas de videojuegos, y personalmente se vieron una inolvidable mañana del mes de abril en Madrid *Beach,* con Bob Esponja Gangsta como testigo.

5. CHATROULETTE. HACIENDO «HAMIJOS» MULTICULTURALES. TROLEANDO LIKE A BAUS.

¿Quién dijo miedo a la hora de traspasar fronteras virtuales? En Chatroulette, un *site* para adultos y de videochat en el que se conoce gente de todo el mundo de manera aleatoria, alucinan en colores flúor cuando se encuentran este invento de la naturaleza hecho persona desquiciada que es nuestro ídolo.

Los troles hace tiempo que dejaron de ser solo los monstruos malignos que habitan en bosques o grutas según cuenta la mitología escandinava. El término, tal y como lo conocemos hoy, procede del verbo inglés *troll,* que significa pescar. El *trolling for newbies* (pescando a los novatos) se dio por primera vez en *www.alt.folklore. urban*, un grupo de noticias en el que se abrieron los primeros foros. Los miembros veteranos se distanciaban de los novatos lanzando temas que solo estos últimos comentaban. Con el paso del tiempo las bromas de un grupo a otro se fueron haciendo más y más habituales, y solo eran eso: bromas entre veteranos y novatos de un foro.

Todos sabemos que hay troles buenos y malos. El Rubius es de los primeros, claro. Su gusto por la diversión no pasa de bromas inocentes. Sin gente como él, Internet ¿sería lo mismo?

6. A 5 METROS DE JUSTINO

Nadie puede imaginar un choque de supernovas más electrizante: Justin Bieber y El Rubius, tan juntos como para que puedan olerse. Ni Oliver Heldens ni dj's megafamosos. En el festival Ultra no pasó nada más glorioso que este encuentro.

Esta vez, Gundersen y Bieber no pudieron intercambiar impresiones sobre sus gorras o el enorme peso de la fama, como tampoco lo hicieron en el que muchos creían que iba a ser el gran y definitivo encuentro entre ellos. Entre bostezos y caras de tener un pollo en el horno, Justin concedía una entrevista en el programa Los 40 Principales en su visita a España. El Rubius, Mangel, Señor Cheeto, con Dani Mateo como maestro de ceremonias, andaban por allí para animar el cotarro y subir en lo posible la audiencia. Cuentan los presentes que cuando le comunicaron a Justin la idea que tenía el programa de formar un aquelarre con youtubers famosos y el propio Justin, este salió, previo berrido, con la infantil excusa de tener que ir al baño. El Rubius inmortalizó con palabras esta histórica espantada. «Nos habían dicho de conocer a Justino hoy, pero al final se ha pirado rápidamente. Meh. En parte lo entiendo, viene a España y no entiende nada de lo que está pasando y tendrá miedo de que le vacilen o algo. Ha dicho: "Tengo que ir al baño" y no ha vuelto. Como el padre que fue a por tabaco. Ahí estaba el cabeza. Me he cruzado un par de palabras con él. Quitando lo de que se fue al baño parece buen zagal.»

7. 50 COSAS SOBRE MÍ.

Su creación más sentida según sus propias palabras. Después de su «etapa oscura», se sincera a su desmadrada y despadrada manera y entre aperturas interminables de mandíbula y ojos a la virulé cuenta sus cositas a ese mundo desconocido que le adora y le odia a partes iguales.

8. EL FURBY DEL INFIERNO.

El pequeño Furby es una referencia que no se puede pasar por alto en el caótico mundo de El Rubius. Rubén sale a toda pastilla de su casa en busca de su nuevo amigo, Furby. Los celos irrigan por la sangre de su gato, que barrunta que va a ser sustituido en el corazón de su amo por ¡un muñeco! Este deseo repentino de El Rubius terminará casi en tragedia.

9. MI PACIENCIA TIENE UN LÍMITE. UNFAIR MARIO.

El alfa y el omega de los youtubers se encara con decisión pero con temple a este juego que pone a prueba los nervios de los *gamers* más experimentados. Siete muertes no son nada, *brother*. Ea, ea, ea, El Rubius ¿se cabrea? Qué hermoso sería alcanzar el nivel 15.

10. QUE ALGUIEN PARE ESTA LOCURA. UNFAIR MARIO 2.

Rubius se relaja y lo intenta de nuevo. Las cosas van sobre ruedas hasta que tropieza. Las nubes enloquecidas son testigos de este camino hacia la nada.

Rubén *loves* Mario, y conoció a Charles Martinet, el actor que pone voz al personaje más famoso de Nintendo. «Me están temblando las piernas» es casi todo lo que pudo decir El Rubius cuando se vieron cara a cara. Martinet por su parte ¡le felicitó por ser un *number one*!

11. MI ASISTENTA KAWAII.

La alternativa más triste a la soledad. Una kawaii con la

que El Rubius tiene que ser muy cuidadoso: Suki tiene su carácter. Ella rechaza una propuesta de matrimonio y cosas varias. En la segunda parte del vídeo, Rubén crea sonidos a partir de su propia voz.

12. LOS DIOSES DEL BAILE.

La Electronic Entertainment Expo, también conocida como E3, es la convención de videojuegos más importante de la industria. La organización solo permite la entrada a participantes directos del evento y periodistas, y se celebra la tercera semana de mayo de cada año en el Centro de Convenciones de Los Ángeles (California).

Hasta allí se fue nuestro *virtual hero* para participar en la presentación del videojuego *Just Dance*, en el que el jugador debe seguir al *coach* de la pantalla e imitar sus movimientos.

En el 2015, El Rubius se inquietó un poco antes de mover el esqueleto y exhibir su arte corporal con la sinigual Lanita, pero allí estaba su salvador, Jason Derulo, que le dio un impactante consejo: «Solo tienes que sentirlo en tus huesos.» Yeah! Después de la experiencia, El Rubius se vino arriba y fue capaz de retar a un *face to face* a la mismísima Edurne vía Twitter. «¡Edurne, te reto! Y a De Gea. Si quiere venir también, vamos a bailar.»

La osadía de El Rubius encontró respuesta ya que

Edurne aceptó el desafío. «No sé yo si podré igualarte... Se te da bastante bien *Just Dance*!!! Sí, es posible que un día bailemos juntos, por qué no!??» La contestación de @Rubiu5 no se hizo esperar. «Oh dios mío. Entonces vas a tener que empezar a entrenar ya mismo, día y noche, si quieres superarme!»

El amor por el ritmo y el contoneo le vienen de lejos a Rubén. Le hemos podido ver bailando el «Gangnam Style» en el balcón de su casa; en el festival Tomorrow; dando unos pasitos con kawaiis de carne y hueso y pelo pony en el Media Fest de Argentina, aprendiendo el baile de la barra, el nigga o, a petición de su fandom, el sugerente «Mueve el Toto».

13. MI PEOR IDEA.

Es decir, El Rubius pide a sus seguidores que le envíen vídeos con preguntas transcendentales del tipo «¿hasta dónde se lavan la cara los calvos?» y con pruebas sobrehumanas como que la lengua toque la punta de la nariz. Cinco horas filtrando «obras» de esta calidad pueden trastornar a gente tan sensata como nuestro ídolo. No es de extrañar que termine cantando en noruego –entre las peticiones más solicitadas se encuentra la de que hable y cante en noruego– y anunciando que se va durante quince días a Latinoamérica para comprar leche y ver a «fanes».

Sus viajes a algunos países de ese continente se han hecho frecuentes en estos últimos tiempos. Allí es muy conocido y muy querido. Para muestra, la gran cantidad de amigos que llegó a convocar en su visita. Cuando le preguntan si se siente como una estrella del pop, él responde que no; pero la verdad es que el interés que genera en sus fans o las reacciones que despierta en ellos cuando llega a un hotel o a un aeropuerto son idénticas a las de las grandes estrellas de la música.

14. RUMORES ESTÚPIDOS SOBRE RUBIUS.

Resulta curioso comprobar cómo, aparte de una inagotable fuente de diversión, El Rubius es una máquina de hacer rumores; no por voluntad propia, claro. ¡Erez famozo, Rubiuz!

Echando mano de Google, cómo no, se enfrenta en este vídeo a sí mismo y a los infundios del mundo internetero. La lista de ellos le conduce hasta el templo que custodia la fe perdida en la humanidad.

1. El Rubius es rico. Desmentido con el signo del dólar tatuado en los ojos.
2. El Rubius es feo. Desmentido entre lágrimas.
3. El Rubius detenido. Confirmado. Le detuvieron en Noruega.

4. El Rubius es gay. Desmentido con una declaración de amor a Mangel al mejor estilo Rubius.
5. El Rubius es asexual. Confirmado con esperanzas de que todo cambie.

Entre las bromas más pesadas que le han hecho a Rubén se encuentra la de ser víctima de una suplantación de identidad en Internet. En un vídeo que pretendía ser gracioso difundido en la Red, alguien se hizo pasar por El Rubius. Lo cierto es que su protagonista se dedicó a hablar mal de sus seguidores y a mostrar un perfil de Rubén muy pero que muy alejado de la realidad. Por supuesto, hubo quien se lo creyó y arremetió contra él, pero también surgió un grupo de defensores de El Rubius que consiguió neutralizar los efectos negativos de esa broma de tan mal gusto.

Rubén desmintió en su Twitter toda la información. «Lamento que haya gente imitando mi voz y haciéndose pasar por mí contando mentiras y echando mierda para conseguir visitas.» También explicó que estaba muy cansado de ser siempre el foco de atención y sobre todo le dolía que algunos de sus seguidores se hubieran creído el engaño.

15. INCOMODANDO A GENTE EN LA PIZZERÍA CON CÁMARA OCULTA.

Una pizzería es ya un sitio muy incómodo de por sí. Si además te encuentras a El Rubius con cara de perpetrar alguna broma, ¡sal corriendo! O no, quédate en un rincón y disfruta del espectáculo. Le verás bailotear nervioso y atacar un par de *sexy moves* antes de ir a por sus víctimas. Conclusión: borde y jeta es casi lo mismo, y la gente es buena.

La cadena de pizzerías Domino's Pizza contó con El Rubius para promocionar Domino's Roll, su nueva masa. Este es otro ejemplo de lo importantes que son considerados ya youtubers famosos para lanzar cualquier tipo de productos al mercado. Sr. Cheeto y Tiparraco también hicieron lo mismo. Para crear esta obra maestra, El Rubius se dejó aconsejar y grabar por Videópatas. Por la descripción del vídeo sabemos que era la primera vez que Rubén se enfrentaba a una cámara oculta. También que no era una broma preparada, ni sus protagonistas, actores.

16. LAS SALCHICHAS ÉPICAS

La marca de salchichas Oscar Mayer también pensó en nuestro héroe, además de en Mangel y Alexby11 para promocionar su especial Jumbo. ¿Cómo lo hizo? Pues a la manera de El Rubius, con un #JumboChallenge. El reto solo pudo salir de una mente tan maleable como la suya. «Oscar Mayer nos retó a hacer algo épico con sus salchichas, les dije que ok, que lo haría si me conseguían un coche que lanzase llamas y una cámara que grabara *slow-mo*. Fueron majos, me lo consiguieron. PD: Sí, también me dejaron su salchi-coche.»

Los tres angelitos eligieron para comerse de la forma más inverosímil y extravagante una salchicha. El reto se grabó en dos vídeos. «Hot Dog Lanzallamas» es el primero. En él dan ideas para calentar la carne de una manera un tanto diferente. En el segundo, «Las salchichas épicas», El Rubius se hace el mandamás pilotando el WienerMobile de Oscar Mayer en el circuito del Jarama, el lugar ideal para hacer una locura como achicharrar el perrito en la llama que desprendía el coche. Para terminar bien la jornada, deciden merendar a bordo de un buggy.

17. RETO DEL DESAYUNO, REGALOS Y RANDOM.

Levantarse es un duro y estúpido trabajo que todos hacemos cada día de nuestras WTP vidas. Por favor, que nadie intente desayunar como lo hace Rubén. Lo importante de esta historia dislocada es que El Rubius tiene un grave problema con su pelo. El pelo: ese gran problema que merece un *hashtag*. «No sé por qué, pero hoy mi pelo está más awesome de lo habitual #DivinoDeLaMuerte.»

Kajal Napalm le dijo una vez algo que puede que sea cierto y que hacía referencia al alarmante ritmo al que le crece el cabello. «Igual eres el X-men perdido al que le crecía el pelo sin parar En serio dos veces en un mes y así? xDD.» Sus seguidores tuiteros le han hecho todo tipo de comentarios en respuesta a sus quejas capilares. @FlowstreetYT le pregunta: «Pero cuando vas al peluquero, te corta el pelo? o jugáis a las cartas? xD.» @rabasart: «Conclusión. Eres como Rapunzel, tu pelo tiene poderes. ¿No lo has pensado?»

18. MI MANGEL ME MAQUILLA Y RETO DE LA CANELA.

Mangel y nuestro ídolo intentan un tutorial sobre el arte del maquillaje. ¡El maquillaje no es comida, chicos! Después de destrozar barras de labios y esponjas, ¿quién estará más guapo de los dos?

19. ¡NUEVA GATA POR NAVIDAD!

Reacciones animales y humanas a la nueva inquilina de la casa de El Rubius. Es una monería, pero anda un poco asustada y perdida entre Pokémon y el cojín de Mangel. El Rubius pide ayuda con el nombre de su nueva mascota; merece la pena ver este vídeo solo por comprobar ¡cómo se le va a la gente la flapa con el tema!

A Rubén le encantan las mascotas y especialmente los gatos porque de ellos dice que son muy independientes y van a su rollo. También se ha fijado en especímenes tan raros como los jerbos, unos ratoncitos monísimos, y los diablos espinosos, unos lagartos capaces de beber a través de su piel, de aspecto heavy pero totalmente inofensivos.

Animales, ¡sí, gracias!

20. REACCIONANDO A ANUNCIOS JAPONESES.

Qué gran cultura la japonesa. El Rubius la adora, pero tal vez no tanto después de darse una panzada a ver anuncios de sopas, matamoscas y perros sospechosamente humanos y melenas kilométricas. Un vídeo que te deja con la boca abierta y los ojos rasgados de tanto reír.

Rubén ha viajado a Japón. Su relato sobre su experiencia nipona lo hizo en una serie de posts, a lo largo de su semana allí, en el foro de MeriStation. El viaje lo hizo junto al padrino. Las razones de ambos para perfeccionar de manera salvaje *el jet-lag* eran muy distintas. Rubén confesaba que es muy friki de todo lo relacionado con Japón; el padrino, de la tecnología. Nagoya, Tokio, Kioto e Hiroshima fueron algunos de los lugares por los que hicieron turismo.

21. SUPERHÉROES EN LA VIDA REAL.

¿La única manera de que El Rubius pase inadvertido en la calle? Que se vista con un disfraz de superhéroe con algunos rellenos en los bíceps. En Expomanga la vuelve a liar con Cosplay. ¿Cómo podría Rubén perderse esta cita? El manga, lo ha dicho muchas veces, es una de sus grandes pasiones y también una de sus fuentes de inspiración. Quién le iba a decir a él que iba a tener su propio cómic en el que encarna a un jugador de realidad virtual aumentada que llega hasta ella por medio de un casco. Allí tiene la oportunidad de convertirse en un héroe y conocer a muchos personajes de videojuegos.

22. TOMORROWLAND 2015.

Al Epic Vlog se le añade esta aventura alucinante en Tomorrowland, uno de los festivales de música electrónica más grandes del mundo, que se celebra anualmente en Boom (Bélgica). Bonitas melodías de Calvin Harris, Jauz and Ephwurd, Oliver Heldens y Bullit. Ayer es historia, hoy es un regalo, mañana es un misterio.

23. INTENTANDO HACER FELIZ A LA GENTE.

Con el pelo más saiyan que nunca, El Rubius prepara una cámara oculta de parque. Desde aquí le decimos que esta modalidad para él tiene los días contados: cada vez serán más quienes le reconozcan. Si eres el blanco de la seducción de El Rubius, ya seas pato, pavo real o humanoide, no te resistas.

24. APESTAMOS EN PINTURILLO #1.

Pinturillo es un juego parecido al Pictionary que consiste en adivinar qué dibujan los demás jugadores y en nuestro turno dibujar algo para que ellos lo acierten. Duros oponentes: Elvisa, Mangel y Alexby. Risas garantizadas.

25. SIMULADOR DE EXPRESIONES FACIALES.

Probando, probando *Facerig*, o lo que es lo mismo, el simulador de expresiones faciales que utiliza avatares que mueven sus caras imitando nuestros gestos. El Rubius da vida a distintos personajes en 3D que clavan cada uno de sus movimientos (cabeza, ojos o boca) a tiempo real.

Desde siempre, Rubén ha mostrado mucho interés por el mundo audiovisual. En Noruega cursó la especialidad de Artes Gráficas en el bachillerato. Gracias a ello, y antes de matricularse en Animación y 3D en Madrid, aprendió a grabar y editar vídeos, y todo lo relacionado con los programas de animación.

26. RETOS ESTÚPIDOS EN DIRECTO

A nuestro héroe del yogurt caducado le encantan los

retos; algunos, como los que tiene la inconsciencia de hacer en este vídeo, le convierten en un caso digno de estudio. Advertencia: no apto para estómagos sensibles. Lo de «estúpidos» no es broma.

La idea de hacer retos en sus vídeos le ha servido para escribir *El libro troll,* que está lleno de los más alocados y extraños que nadie pueda imaginar. El Rubius propone y los «fanes» disponen. Algunos parecen experimentos sociológicos y pueden ir acompañados de reprimendas o collejas, pero son divertidos y desde luego pondrán a prueba la paciencia de los que los sufran.

27. ¡EL MÉDICO RUSO TIENE MIS RESULTADOS!

También los héroes virtuales frecuentan las consultas médicas, por supuesto. El maletín con el que se presenta en casa de El Rubius un médico ruso con acento ruso le da mucha tranquilidad a nuestro ídolo. Después de saber sus resultados de ADN se pega a su pantalla del ordenador con un trepidante juego. Las dotes de actor de Rubén no son nunca lo suficientemente elogiadas. ¿¿Le veremos recogiendo un Óscar algún día?? La estatuilla de oro queda lejos quizá, aunque Rubén ya sabe lo que es hacerse con un premio. YouTube anunciaba en su cuenta uno de los más importantes hasta el momento: «¡Criaturitas del señor! Botón de Diamante para @Rubiu5 por tener más de 10M de subs #RubiusDiamante #10años-deYouTube.» Que viene a sumarse al Botón de Plata y al de Oro y al de Personaje Más Asalvajao (Neox Fan Awards 2015), que ya atesora en su chachi casa.

28. LA OTRA PELÍCULA.

Los de Sony Pictures han sido inteligentes y han contratado a la parejita Rubius&Mangel para dar un poco de vidilla y color a sus estrenos. Después se han unido a ellos Alexby y Staxx. El trabajo de los chicos consiste en tomar ideas de la peli que la compañía estrenará y, a partir de ahí, crean su propia historia. A esto lo llaman marketing de *influencers.* #nopuedoconlavida!!

Los números han cantado «La Traviata» en poco tiempo en el canal de Sony en YouTube, donde se ha disparado el número de suscriptores y vídeos como *La Batalla Épica de Pac-Man I, Pixels I, Corazones de Acero, Chappie* y *The Interview* con millones de visualizaciones; cifras que no paran de aumentar.

29. COMENTARIOS EN LA VIDA REAL.

Sí, cierto; si amas la literatura y la ortografía ni se te ocurra ver este vídeo, o echa la culpa de todo a los patos y patas y a los bizcos que aparecen en él. Los comentarios de los seguidores de El Rubius, a examen.

30. UN DIA NORMAL EN EL PARQUE.

Los parques urbanos son el hábitat natural de El Rubius. Competir con las máquinas con las que se machacan los bíceps los abuelos o ser uno más de los niños que corretean por él es su mayor felicidad. Pero ¿qué es más desesperante: hacer la cola de la carnicería o la del tobogán?

31. ULTRA MEGA TARTAS SUPER ESPECIAL. 2013.

Por sus dos millones de amigos, El Rubius celebra una fiesta muy peculiar. Algo muy importante de este vídeo es que, además de dar las gracias de esa manera tan tierna con la que él llega al corazón de los «cabezas» que le siguen, pide ayuda para otros. Su idea es simple: todo el dinero que generen sus *streamings* de juegos irán a parar a distintas organizaciones.

Rubén ha colaborado con distintas ONG en estos últimos años. En este caso lo hace a favor de juegaterapia.org. Él mismo explica lo que hace esta organización en la descripción de su vídeo. «Se dedican a ayudar a los niños con cáncer en España para que se les olvide un poco por lo que están pasando gracias a donativos de juegos y consolas.»

32. ESPECIAL 3 MILLONES. PREGUNTAS, RESPUESTAS, RETOS Y MOAR.

A la hora de la cena, El Rubius contesta con calma a sus tres millones de criaturitas. Sudando la gota gorda en un mes de agosto con 50 ºC en su casa responde al eterno dilema «¿Perros o gatos?». Él prefiere los gatos por su independencia, por su monería, porque no babean. Reconoce estar a punto de que le explote la cabeza, agobiado por las ofertas de publicidad y hace de Google *translator* para su público cuando le piden una y otra vez que hable en su segunda lengua. «Tu madre es obesa» suena tan mal en noruego como en español.

34. ¡BOTÓN DE ORO DE YOUTUBE!

Desde 2012, YouTube premia a sus *partners* con más suscriptores con distintos premios, dependiendo de la cantidad que acumulen. Un canal con más de un millón de suscriptores se verá recompensado con un botón de reproducción chapado en oro y una tarjeta regalo para invertir en la compra de más equipo de vídeo junto con una cámara de edición limitada. Para los canales con 100.000 suscriptores, el premio consiste en el mismo botón pero chapado en plata.

El Rubius consiguió en 2014 el Botón de Oro (ocho meses después de llegar a la cifra indicada) y grabó el momento cuando lo recibe en su casa en un estado alucinatorio insuperable.

35. 10 MILLONES.

Después de 4 años y 10 millones de seres humanos pendientes de sus vídeos, El Rubius está tan alegre como para cantar la canción que medio mundo tararea. ¡Su-su-suscríbete y dale al play! Rubius echa cuentas: si cada mes entran 432.000, esto equivale a 14.000 al día, o lo que es lo mismo, 600 nuevas personas cada hora, y cada 6 segundos se le presenta una criaturita. Por acumular esa cifra en su canal, YouTube premia con el Botón de Diamante, que, claro está, ya cuelga de una de las paredes de la casa de Rubén.

Sí, al final se pone sentimental.

36. LOS ÁNGELES, EL AFRO Y FIESTAS.

Uno de los momentos más superépico que se recuerda en su «vlog» de la sección viajes ha sido su excursión a Los Ángeles (California) para asistir a la E3, la madre de todas las ferias de entretenimiento digital. Allí, con lo más granado del mundo youtuber, y con Mangel y compañía, van de conferencia en conferencia y de fiesta en fiesta. El Rubius se lo pasa pipa jugando al *Assassin's Creed* y al *Rainbow Box* en el edificio Ubisoft, una de las compañías de videojuegos más importantes del mundo.

El final de este vídeo es todo un clásico: ¡viva el rap afro!

37. ULTRA, FIESTAS Y UN GORDO EN MI CAMA

Este es uno de esos vídeos que la gente ve sin parar, porque está muy bien hecho y porque es muy divertido. Otro testimonio visual de lo mal que lo pasan El Rubius y Mangel cuando salen al extranjero.

38. CÓMO TROLEAR A 10.000 PERSONAS.

Chile es un sitio tan bueno como otro cualquiera para que El Rubius se quede con el personal haciendo un troleo a gran escala que deja boquiabiertos a los chilenos. Él también se quedó boquiabierto en la entrevista que le hizo MQLTV.COM (Mejor Que La Televisión), el primer canal de televisión en español en YouTube, por alojarse en la suite presidencial, donde charló con el periodista Nicolás Copano Vera. Ambos avistaron desde ella el Ojo de Saurón y la Montaña Delirante.

Bromas aparte, los viajes a Latinoamérica son cada vez más frecuentes para él. Allí le tratan como al *boss* que es y sus seguidores son especialmente cariñosos. Algo que pudimos comprobar en otro vídeo, REGALOS

DE FANES. En su maleta, de vuelta a España, llevaba Moais de todos los colores y tamaños, peluches, una alfombrilla para el ratón del ordenador con tetas, un álbum casero con cartas dedicadas y un sinfín de artilugios extraños y maravillosos.

39. CELEBRITIES.

Uno no es nadie en el mundo de las *celebrities* hasta que el humorista y genio Joaquín Reyes no le dedica una parodia. ¿Se habrá dado cuenta el propio Joaquín de que El Rubius es, a su vez, su mejor imitador?

En *Rubius' world,* El Rubius no pronuncia la x: «Seso. Sasofón. Tasi». La moneda es «el bille» y para ir al banco utiliza una careta de Doraemon. Un vídeo muy, muy chanante.

40. MI NUEVA CASA

El refugio de un guerrero *gamer* como El Rubius es casi un lugar sagrado. Rubén nos ha enseñado sus casas en 2013 y 2015. En la última se emplea a fondo con un tour por cada habitación: desde el rincón del friki, pasando por el salón, donde una máquina de Arcade lo preside, hasta terminar en el dormitorio (con sorpresa incluida).

ABRAZO DE OSO GRUPAL

El Rubius da las gracias muchas veces a todas las criaturitas del Señor que le siguen y cuando lo hace, siempre añade que no sabe de qué manera demostrar ese agradecimiento que rebosa su cuerpo por tanto apoyo y tanto amor. Solo hay que ver el vídeo del millón de reproducciones para confirmar estas palabras.

Tiempo antes de ser tan conocido, las quedadas con los fans parecían ser una manera de hacer realidad ese sueño. Algunas de ellas han dado mucho que hablar en las Redes y han arrojado titulares tan alarmistas como «El Rubius, a punto de morir en Málaga» gracias a un vídeo en el que aparecía Rubén sudoroso, llamando al orden a su tribu y encaramado en una especie de verja, pasando un muy mal rato por el acoso literal de sus seguidores. En algunos foros se pudieron leer comentarios sobre lo ocurrido del tipo «¡Qué "denigrancia"!».

Como resumen de aquella gira gloriosa por Granada y Málaga en 2012, El Rubius decidió recordar lo mejor de ella y mostró en su «vlog» algunos de los regalos locos con que le habían conseguido emocionar sus admiradores. Tanta pasión desbordada había merecido la pena por atesorar un *unboxing* con unos cojines de Creeper, un salero de gallina, dibujos, un bolso de lunares *typical Spanish,* unas gafas y un auténtico cuerno falso de mamut. Eso sí, en casa de Cheeto se quedaron los 236 panes de pipas y un alce.

Bien pensado, tiene que ser alucinante que tanta gente esté pendiente de cada cosa que haces o dices, un asunto que llegó a agobiar a nuestro ídolo de oro al comprobar que su «ejército de zombis» le seguía sin tregua, y que eso no solo sucedía en la vida digital, sino en la real también.

La presión fue tal a mediados de 2014 que decidió mudarse a las afueras de Madrid y aislarse casi por completo en un piso del que no salía absolutamente para nada. Los «fanes» más avispados habían conseguido su dirección y acampaban a las puertas de su casa esperando captar alguna imagen o verle aunque fuera fugazmente.

Es un hecho que el famosómetro se dispara cuando sale a la calle o le reconocen en algún evento. Para muestra, el lío que vivió en el aeropuerto de Buenos Aires, la ciudad en la que se celebraba el Club Media Fest, el festival de *youtubers* de Latinoamérica. Alguien dio el chivatazo de su llegada a la capital argentina y nada más poner el pie en tierra cientos de fans le esperaban para darle un recibimiento a su altura. El final de esta historia fue ¡ultraépico! Rubén tuvo que ser escoltado por un equipo de seguridad hasta el hotel en el que se alojaba como toda una megaestrella del pop.

Es lo que tiene ser el rey de la pista y el amo del cotarro. Muchos de los millones de suscriptores le dan muestras de cuánto le quieren y le apoyan cada día. Rubén explica este amor diciendo que sus seguidores le toman por un amigo, y que parte de este éxito, que para muchos es incomprensible, se explica porque él hace su trabajo siendo natural y espontáneo, además de por haber puesto de moda en esta parte del mundo algunas de las tendencias virales que más han despuntado en EE. UU. en los últimos años.

Pero ¿cómo lleva El Rubius en sus carnes tanto *love* y tanto *hate*? En Twitter lo ha explicado algunas veces. Su reacción airada es muy comprensible y ha confesado estar harto de vivir permanentemente bajo presión por ser «famoso», y más cuando siempre intenta ser lo más sincero y accesible para su público.

Ante las críticas, los tuiteros han apoyado a su ídolo con *hashtags* como #RubiusTeQueremos para demostrarle su cariño y hacerle sentir que todo lo que hace tiene sentido y es importante para ellos. @Rubiu5 se ha defendido en no pocas ocasiones. «Pero cada vez se hace más difícil. No soy *fake,* soy yo mismo. Si no te gusta eso y te crees rumores estúpidos, adiós. Estoy cansado de esto.» En otra ocasión llegó a afirmar: «A veces tengo ganas de desaparecer, irme a una casita en las montañas de Noruega... Algún día.»

Pero tanta exposición también cuenta con la cara más troll del tema. Hay quienes no paran de insultarle, a veces de manera realmente violenta, y de acusarle de ser solo un anuncio andante. Para estos «amigos», El Rubius siempre cuenta con palabras de esperanza y de consuelo. Algunos testimonios «fap» y *like* pueden ilustrar el amor y el odio a los que se enfrenta cada día este fenómeno de masas.

Teamcat tiene 20 años, sigue a El Rubius desde hace tres y no puede verle ni en pintura. Él mismo nos devela el misterio de su atracción por uno de los youtubers que más detesta.

«Se cree que hace gracia y eso da bastante pena. He echado un ojo a sus primeros vídeos y, bueno, se puede entender porque era pequeño y eso, pero si tienes 25 años es patético. Que además haya conseguido, como dicen, tanta pasta es para fliparlo. La gente está loca, más que loca.

»¿Que por qué le sigo? YouTube me empezó a recomendar hasta hartarme sus vídeos y todos mis amigos estaban suscritos. Es como el fútbol, si no ves el partido, cómo puedes hablar después. A ver, no todo lo que hace es malo, no digo eso, pero ya canta siempre lo mismo.»

Jose vive en Gijón y es «mayor de edad».

«Tiene *power* y eso es lo que vale. Solo entro en su canal de vez en cuando, si he oído que hay algo que «chana», pero no estoy suscrito, no estoy tan loco. Vi el libro y me dieron ganas de llorar. Pero pensé, qué jeta más grande tiene este tío, saca un libro que no tiene ni número de páginas y va y vende para aburrir. Pues que lo disfrute que igual le queda nada, porque es una moda. A la gente le ha dado por este como le podía a ver dado por el otro. Si es que es así, mañana o pasado les dará por el otro. Pero entre tanto, claro, él se ha hecho rico. Y, al final, eso es lo que molesta, que alguien saque una pasta gansa por algo que, a cualquiera que tenga ojos y se fije un poco, es una payasada. Hay mucha envidia. A mí me da envidia, porque soy gamer y para mí lo más sería vivir así. Que si ahora te pasan un juego y lo pruebo;

que si ahora te regalan ropa y me la pongo un rato para que me vea la peña. Eso es la vida padre. ¿O no?»

Zhas. Avatar de Teresa, de 18 y con dos casas por obra y gracia y de la separación de sus padres: Madrid y Formentera.

«Hay muy pocas chicas gamer de verdad, o sea, que jueguen y se centren solo en eso. Yo me pongo de los nervios cuando leo los comentarios tipo "Rubius te amo, eres todo para mí", y cosas así. Les llamaría frikis, pero qué más quisieran ellas; no, no, son la tontería personificada.

»Yo he seguido un poco a El Rubius y lo hacía por ver qué decía de juegos que yo quería pillarme. No creo que sea tan tonto como parece; nadie puede ser tan tonto (o a lo mejor, sí). Me parece que es alguien que quería ser rapero y no ha podido, y que quería ser friki y no ha podido; y que quiere ser gracioso y no puede. No tendría que llamarse Rubius, debería llamarse Nopuedius.»

Pablo. La Coruña. 25 años. Informático y *gamer*.

«Bueno, para enumerar lo que me gusta de El Rubius, o Rubén, primero tengo que admitir que yo no soy un gran consumidor de sus vídeos, ya que gran parte de ellos no me hacen gracia o simplemente no me interesan. Por poner una cifra, diría que de cada 10 vídeos que sube a YouTube solo veo 1, más o menos. Así que, por ponernos estadísticos, digamos que solo me interesan un 10% de los vídeos que sube a su canal, y por lo tanto no estoy suscrito ni pienso estarlo, al menos por ahora.

»Aunque, la verdad sea dicha, lo cierto es que tiene una gran cantidad de suscriptores y es raro que alguno de sus vídeos no llegue como mínimo al millón de reproducciones. Lo que quiero decir con esto es que tiene muchísimo público y que, dada la temática de sus vídeos, le siguen porque se recrea en lo cómico y busca el humor absurdo: simplemente son vídeos de 10 o 15 minutos que lo único que pretenden es que te estés riendo durante todo ese tiempo.

»Particularmente, El Rubius me causa indiferencia. Ni lo desprecio, ni siento una gran admiración por él. Lo que sí me gusta es la sensación de realismo que desprende. Cuando ves uno de sus vídeos, o al menos es esa mi opinión, no está interpretando ningún personaje, simplemente es un chaval de veintitantos divirtiéndose jugando con algún videojuego, ya sea solo o con amigos. Cuando lo ves riéndose es porque algo le ha hecho gracia de verdad, y cuando se asusta con algún juego de terror es porque, efectivamente, se ha asustado.

»Alguno de los vídeos que podría recomendar, porque ciertamente me han gustado, serían "50 cosas sobre mí", "Parad con el spam" y algún que otro videoblog sobre sus viajes. Los que hace acerca de Noruega están especialmente bien. Fuera de su canal, también hay una entrevista que le hizo Risto Mejide que me pareció interesante.

»Por último, y resumiendo mi opinión general sobre El Rubius, creo que su historia es la de un chaval que se ha encontrado cara a cara con la fama sin buscarla. En alguno de sus vídeos, él mismo comenta que comenzó a subir vídeos a YouTube en 2006, prácticamente cuando empezó, y que para nada se imaginaba que esto, que hacía porque le gustaba sin más, le iba a aportar beneficio alguno, y mucho menos, que podría llegar realmente a vivir de ello y a cambiarle la vida.»

Alberto. 22 años. Madrid.

«A mí me da mucha vergüenza lo que hace este pibe. Está para que lo encierren, pero la gente que le sigue mucho más. Se ha montado un chiringuito guay, la verdad. A ver, él no tiene la culpa de que una panda de borregos, millones de borregos, le sigan como corderitos. Y lo que hacían antes con los fans es la leche. Hay que estar muy loco para dejarte pegar por gente que ni conoces. Porque tú crees que conoces a alguien que ves en

YouTube en unos vídeos, y tal, pero no le conoces. No sé si se les ha ido la mano alguna vez, pero eso no tiene gracia. Pero ya digo, suya no es la culpa.»

Maxmax. Vive en Madrid y tiene dos hermanos de 7 y 13 años que siguen a El Rubius.

«Yo le veo como un muñeco. ¿No hay muñeco de él todavía? Seguro que hacen uno cagando leches. Es para críos como mis hermanos, que se divierten con bobadas, y ya está. Todo lo que hace es pura basura, y cuando saca algo más en serio, más formal, es más basura todavía. Nadie se cree que no mueva un dedo por pasta. Vamos. Eso que dice, que solo hace lo que le hace feliz, sí, ya, no se lo cree ni él. Es para alucinar en colores.»

Bed&Breakfast. Son dos amigos de 16 y 17 años. Siguen a El Rubius desde hace poco.

«Ya sabemos que hay mucha gente que le insulta, pero a nosotros nos gusta. Nos divierte lo que hace. Algunas cosas más que otras, a ver. Ahora estamos viendo los vídeos del principio y hay de todo. Muchos son muy chorras, ¿y qué? Pues eso es lo que hace este tío. A quien no le guste, que no lo vea, que no le siga. La peña no está obligada a ver todos los días lo que cuelga. Los que se meten a full con él ¿de qué van? Si no te mola lo que hace, es de tontos. Anda que no hay cosas que hacer que meterte con alguien que no te cae bien.»

Continúa Bed. «Pero es que lo de meterse con los blogueros y con la gente que sube cosas y que más o menos es conocida es como, no sé, lo hace mucha gente. Si te aburres, pues dices, me voy a meter con este o con el otro. Este chaval vive que te cagas y no hace daño a nadie. Te echas unas risas con él, y ya está. Yo también digo que al que no le guste, que no lo vea.»

Carmen. Vive en La Coruña, tiene 25 años, y muchas cosas que decir sobre el fenómeno Rubius.

«Mucho antes de ver ningún vídeo de El Rubius ya lo conocía. No literalmente, claro está, pero digamos que había oído hablar de él. Lo cierto es que no sabría decir a quién le escuché por primera vez nombrarlo o en qué momento descubrí que existía, pero de alguna manera mi cerebro lo había registrado. Lo siguiente que descubrí de él dando vueltas por una librería es que había publicado un libro titulado *El libro troll*. Con una portada bastante inquietante, menos me gustó su interior. En fin, me sorprendió bastante el tipo de libro que era y me planteé muy seriamente si aquello se vendería..., al fin y al cabo, no era más que un recopilatorio de pruebas tontas o retos que debías llevar a cabo dejando a un lado vergüenzas y modales, no era un libro al uso y, desde luego, estaba dirigido a un público muy específico. Fue entonces cuando lo entendí: eso es, precisamente porque no tiene nada que ver con nada y parece una tontada, seguro que sí que se hace un hueco en el mercado. Y tanto que sí. ¿Por qué edición van? ¿La 9.ª? ¿La 10.ª?

»De todas formas, y a pesar de reconocer que efectivamente el libro podía ser un bombazo, el contenido del mismo no me atrajo lo más mínimo como para soltar la pasta y comprarlo. Sí, te quedas un poco pillado ojeando sus páginas pues es cuanto menos llamativo que a alguien le dé la cabeza para discurrir tales retos, pero de ahí a llevarlos a cabo, hay un trecho. Así que de buenas a primeras, y por la poca información que conocía de él, comentarios de aquí y allá, y su libro, digamos que el muchacho no me cayó demasiado bien.

»Entonces, un buen día me decidí a ver uno de sus vídeos. Me decanté por uno que me habían recomendado como gracioso, "El Furby del infierno", y una tarde cualquiera me lo vi en el YouTube. La verdad es que gracia, lo que es gracia, la justa. En plan, sí, está bien, es humor absurdo que puede hacerte reír en un par de vídeos, pero, francamente, seguía sin entender cómo este chaval podía tener tantos seguidores. El caso es que, si mi actitud ya era un tanto escéptica porque había oído que era un poco payaso de más y que tenía a sus espaldas tanto un ejército de *fanboys* como de *haters,* su «libro» me parecía un poco tonto y una manera de tirar la pasta, y sus vídeos en general eran del tipo del que había visto, finalmente me reafirmé en mis primeras impresiones: no me gusta ni un pelo.

»Durante un tiempo mi opinión acerca de él fue bastante dura y ya no volví a interesarme por ninguno de sus vídeos. Sabía que también hacía vídeos jugando y comentando videojuegos, pero muchos lo hacen y, para mí, había mejores youtubers en ese campo con los que, a pesar de mi desconocimiento en el sector, me reía bastante.

»Sin embargo, recientemente todo ha cambiado. Hace un tiempo escuché que le habían hecho una entrevista en televisión y que, incluso algunos de sus detractores, decían que había estado muy bien así que me decidí a verla. Lo que observé en esa entrevista, la persona que estaba allí y que se hacía llamar Rubius no parecía la misma que en los vídeos de YouTube, físico aparte. Y entonces, por segunda vez en mi camino hacia el descubrimiento de este personaje, lo entendí: El Rubius no es más que eso, un personaje. Como un actor que hace su interpretación en una película. El Rubius pertenece a YouTube, Rubén a la vida real. Descubrí que, a pesar de disfrutar mucho con lo que hace (es bastante evidente y él mismo lo admite), también es una persona que sufre mucho por lo que hace. La fama, desconocida para él hasta no hace mucho, estaba haciendo mella en él, o al menos eso parecía. Y entonces me sentí francamente mal por no haber sabido mirar más allá, por no haber podido comprender de qué iba todo.

»Después de ver la entrevista me decidí a entrar en su canal de YouTube y ver el vídeo que había mencionado «50 cosas sobre mí: El Rubius». Ver ese vídeo me mostró, a medida que iba enumerando los hechos acerca de él mismo, que no es tonto, ni un payaso, ni un flipado (incluso descubrí que tenemos unas cuantas cosas en común), sino un tío que se dedica a lo que se dedica con mucho gusto, y que lo sabe hacer muy bien, tan bien, que en muchísimas ocasiones sus seguidores (y sus no seguidores) no saben discernir dónde empieza él y dónde termina su personaje. El divertido juego del "Quién es quién". No es hasta el final del vídeo cuando, de manera insólita, se descubre un poco el pastel: no puede hacer vida normal y le está pasando factura.

»No voy a decir que sienta lástima por él, no lo conozco y no me parece ningún pobre desgraciado, pero admito que me precipité en juzgarlo. Ahora sus vídeos van a seguir sin hacerme ni pizca de gracia, supongo, tampoco le seguiré en YouTube con fervor, salvo por algún gameplay que me pueda interesar, ni me suscribiré a su canal, pero de lo que sí que estoy segura es que cuando me pregunten "¿Conoces a El Rubius?" de mi respuesta desaparecerán todas las consideraciones negativas del tipo "menudo flipado" o "ese tío es tonto" y me limitaré a un sincero "No lo conozco mucho, particularmente no me hacen mucha gracia sus vídeos, pero oye, tiene millones de seguidores y suscriptores, mírate algún vídeo y a ver qué tal".»

Ariadna. 14 años, estudiante de 2.º de la ESO.

«Una vez que mi madre me pilló viendo los vídeos de El Rubius alucinó. (Se ríe). Se le abrieron los ojos tanto… Me dijo que no le gustaba que perdiera el tiempo en esas cosas. Lo típico. Qué te va a decir tu madre.

»A mí El Rubius me encanta y es superguapo, y parece genial, de esas personas en las que puedes confiar. Tiene pinta de ser muy tierno. A veces, no sé, se le ve como triste. O sea, que tú te puedes estar partiendo a mil, pero luego la cara lo dice todo. Es como muy transparente. Y yo vi la entrevista de Risto y me dio mucha pena y también me puse a llorar cuando le vi llorar a él. Se notaba que lo hacía de verdad, que no fingía, porque eso se nota.»

Marcelo. Este Argentino de Rosario nos cuenta cómo se vivió la llegada de El Rubius a su país.

«Acá es todo ídolo. Mira lo que pasó cuando recién llegó al aeropuerto y casi lo matan a empujones. La cosa se puso tremenda, y salió en muchos noticieros y también en prensa. No digo que en las portadas, pero sí se supo que un youtuber español había llegado a Buenos Aires y todo el revuelo en Ezeiza.

»Yo no lo seguía, pero me entró curiosidad por saber qué hace un pibe que cuelga videos de su vida y lo que se le ocurre y solo por eso le siguen millones de personas de todo el mundo. Igual, no sé, y por ahí es un boludo, como decimos acá, pero al pibe lo sigue toda la gente que muchas multinacionales quisieran. Ahí hay que pararse a mirar y a pensar. Qué hace él y qué hace esa gente, qué quiere, qué le gusta. A mí no me divierte, y no creo que sea porque yo ya estoy crecidito, es que lo que hace no me divierte. No le veo la chispa y es burdo. Nada más.»

Cris. Intenta hacer su propio canal en YouTube, es de Madrid, tiene 22 años y estudia informática.

«La gente que le sigue es muy patética. En general, claro. Él ha tenido suerte y eso va a ser hasta que le dure, pero ya está a un nivel que muy mal lo tiene que hacer para que pierda lo que tiene. Solo unos pocos pueden presumir de tener comiendo de su palma a marcas que son tela. Seguro que además no se gasta ni un pavo en ropa o en cosas que le gusten porque se las regalan. Ha tenido la suerte del tonto y ahora tiene que mantenerse como un listo. Ser listo y pensar bien qué hacer. He leído que le tientan desde muchos sitios.»

Almu. Estudiante de fisioterapia, tiene 19 años y es de Madrid.

«El Rubius me parece un "colgao" de la vida. Yo si tuviera a alguien así en mi familia me daría un poquito de vergüenza… hasta que se forrara (risas). Él no hace daño a nadie; vive en su mundo y ya está. Cuenta lo que se le pasa por la cabeza. ¿Todo lo que se le pasa por la cabeza? Pues no lo sé. No reservarse nada para uno mismo, es muy así. Es como la gente que sale en las revistas y en los programas de televisión. Los que los vemos creemos que son como nuestros amigos, y de ahí vienen muchos problemas. Digo que en el caso de él, cuando tuvo ese agobión tan grande, a lo mejor era por eso. Lo enseñas todo y los seguidores se creen con derechos.

»Yo antes le veía y no pensaba en esas cosas. Quiero decir que solo veía los vídeos y no pensaba en su vida "real", o en tal o cual. Pero desde que se ha hecho tan famoso, cada vez que me meto en su canal, jo, pues no sé, ya no le veo como antes. Ahora digo: este chaval está probando un juego y por eso seguro que le han dado una pasta gansa, y sí, la fama puede ser muy dura, pero se ha sabido buscar la vida de la leche. Sufrirá como todo el mundo, pero ahí está. A eso le llamo yo suerte.»

Marta. 25 años, trabaja como redactora en un programa de televisión.

«No entiendo nada de lo que hace. Lo he visto de casualidad, porque este año ha salido en todas partes. Ha sido el año de El Rubius. Que si premios, entrevistas… ¡Hasta en el telediario! Para eso tienes que ser un fenómeno. Pero lo que digo, no entiendo nada; y eso es posiblemente (posiblemente) porque yo no soy mucho de videojuegos y también porque me he educado más con los libros que con el ordenador. Es que no le pillo el punto. Cuando he visto alguno de sus vídeos es como si estuviese delante de un extraterrestre. Tiene un lenguaje muy marciano. Igual por eso le gusta a tanta gente. Para mí es un misterio sin resolver…»

Anonimus. 17 años y muy, muy fan de El Rubius.

«Lo amoadoro. Nunca leo las críticas malas, sobre

todo últimamente porque van a degüello, dan a matar. Muchas son de rabia y de pura envidia. Es mi ídolo y el sentido de mi vida. Ya sé que puede sonar muy fuerte, pero es así. Hay mucha gente que lo pasa mal, y que te hagan reír no tiene precio. Yo viví hace poco la separación de padres. En mi casa era desagradable estar algunos días. Yo me metía en mi cuarto, con mis cascos, y me ponía los vídeos de El Rubius y se me olvidaba todo. Habrá quien piense que los que le seguimos estamos pirados. Bueno, a mí me da igual lo que digan. Lo único que sé es que cuando tengo un mal día, ya sé adónde tengo ir. No me hace falta nada más que verle para sentirme mejor.

»Y él no va todo el tiempo del mismo rollo. Algunas veces se pone en plan serio y tal. Si él ha llorado y lo ha pasado mal, porque es una persona como los demás, también los que le seguimos hemos llorado con él al ver lo que le pasaba y lo que le hacían muchos días. Él lo decía en Twitter, y eso nos hundía a los seguidores. No todo son risas.»

VOCABULARIO BÁSICO GAMER

Bailaoras flamencas, animales de granja, flores, el *love hotel,* la L japonesa, las gemelas de *El Resplandor,* cacas… Uf, sí, utilizar los emoticones del WhatsApp es muy cansado. No tendremos vida suficiente para usarlos todos y mucho menos para conocerlos todos.

Las caritas sonrientes, de asombro, tristeza, los guiños y los besos son ya casi historia. Pero ¿quién fue el genio que los inventó? Pues parece ser que un tal Scott Fahlman, de la Universidad Carnegie Mellon de Pittsburgh (Pensilvania), el primero en usar un *smiler* en 1982. Este profesor de informática tan guay y creativo buscaba que los mensajes que se intercambiaban alumnos y profesores online se interpretaran correctamente y con ellos se pudiesen diferenciar cuáles debían tomarse en serio y cuáles en broma. Para sustituir el tono de voz y los gestos, esto es, esa información extra que en una conversación nos indica tantas cosas, a Fahlman se le ocurrió dibujar caras a partir de distintos caracteres. Una solución divertida y simple que ha evitado muchos malos entendidos.

Algún tiempo después han llegado al mundo virtual las siglas y los acrónimos para hacernos más cómoda nuestra existencia y ahorrarnos mucho tiempo. El Rubius tiene vocabulario propio en parte y también se nutre de los principales términos que usa cualquiera que utilice las Redes o el WhatsApp. ¡Repasa la lista de los más usados y los más conocidos!

CHALLENGE. En inglés significa reto. *El libro troll* está lleno de ellos. El Rubius propone y los «fanes» disponen. Algunos parecen experimentos sociológicos y pueden ir acompañados de reprimendas o collejas, pero son divertidos y desde luego pondrán a prueba la paciencia de los que los sufran.

G2g. *Got to go.* Pausa en el juego.

LOL. *Laughing out loud.* Algo así como «me parto y me mondo a carcajadas». La ooooooooooooo se puede estirar hasta el infinito. Un buen *gamer* sabe que LOL también es la abreviatura del videojuego *League of Legends.*

SPAMEAR. Españolización de la palabra inglesa *spam* (correo basura o enviar correo basura) para referirse, dentro del contexto de YouTube, a aquellos comentarios que poco tienen que ver con el vídeo al que acompañan y cuya finalidad suele ser hacer publicidad de otros canales. Para muchos youtubers es un deporte muy sano. En «Parad con el spam», El Rubius trata este tema que tanto le gusta.

BrB. *I'll be right back.* Vuelvo en un minuto. El jugador deja el juego un momento pero vuelve pronto.

LAG. *Lag behind*. LAG es la respuesta en milisegundos que te proporciona el servidor mientras juegas, es decir, en los juegos online, por ejemplo, cualquier acción que realizas tarda unos milisegundos antes de que tenga efecto real en el juego. El LAG es algo que siempre está ahí y no supone ningún problema mientras el tiempo de respuesta se mantenga entre los 40 o 50 milisegundos, sin embargo, cuando se supera este tiempo, el LAG empieza a afectar a la experiencia de juego.

OMW. *On my way*. Voy ahora mismo. Se utiliza cuando un jugador de tu equipo pide ayuda. El que va a socorrerlo suele escribir OMW.

ROFL. *Rolling on floor laughing.* La mejor imagen para describir este término es alguien haciendo la croqueta y muerto de risa al mismo tiempo.

NOOB. Mejor que no te llamen así. Normalmente te señalan como *noob* cuando has metido la pata en algún juego y has perjudicado al equipo con tu acción o estás siendo supertorpe.

LMAO. *Laughing my ass off.* Me parto el culo de la risa.

PvP. *Player vs. Player.* Jugador contra jugador. Esta abreviatura puede utilizarse para denominar un juego que consista exclusivamente en enfrentarse directamente con otros jugadores (uno contra uno o por equipos) o también se utiliza para referirse a una opción dentro de un juego. Es en este modo de juego donde el LAG es fundamental. Por ejemplo, *League of Legends* es un juego PvP en su totalidad (puedes jugar tú solo contra la máquina, pero nadie lo hace); el «Evolve» también (de hecho no puedes jugar tú solo). Sin embargo, en *World of Warcraft* (WOW), a pesar de estar obligado a jugar online y pagar por ello, tienes la opción de jugar Historia (sin enfrentarte a otros jugadores, sino colaborando con ellos) o jugar Arena (PvP).

ROFLMAO. La suma de LMAO y ROFL. El no va más de la risa.

AWC. *Away from computer.* Lejos del ordenador. Para referirse a la misma idea, es más común AFK, *Away From Keyboard,* lejos del teclado.

OMG. *Oh, my God.* Oh, dios, no puedo creerlo, no puedo con ello, si no lo veo no lo creo. Cuando el cabreo que tienes es supremo se suele utilizar OMFG.

GL. *Good luck.* Buena suerte. Suele venir acompañado de HF *(Have Fun)*: GL HF. Se escribe al principio de la partida PvP como una muestra de buen rollo y deportividad (aunque normalmente es una formalidad de postureo).

WP. *Well played.* Bien jugado. Suele venir acompañado de GG *(Good Game)*: GG WP. Se escribe al final de una partida PvP. Al igual que GL HF es más que nada una formalidad. Sin embargo, WP también se puede usar como GJ *(Good Job)* que también se utiliza en plena partida cuando un jugador felicita a otro, normalmente del mismo equipo aunque no tiene porqué, por una buena jugada o por haber realizado una acción que ha beneficiado al equipo. En este uso, también suele haber respuesta formal por parte de la persona halagada por su acción. Esta respuesta es U2 *(you too,* o sea, tú también).

WTF. *What the fuck.* Para expresar sorpresa, o un juicio de valor.

NP. *No problem.* No hay problema. Cuando alguien de tu equipo mete la pata, para que se quede tranquilo le dices NP con el significado de «tranqui, tron, somos humanos».

LEVELEAR. Subir de nivel a base de terminar con el enemigo en juegos de rol. Proviene de *level* en inglés que significa nivel. Término también relacionado con FARMEAR que consiste en jugar para conseguir dinero u objetos y cuya consecuencia es LEVELEAR.

HF. *Have fun.* Buena suerte. Se la desean los jugadores antes de comenzar un juego.

FML. *Fuck my life.* Me cago en todo, qué asco de vida.

AWESOME. En inglés significa increíble o qué pasada. El Rubius la utiliza mucho para calificar sus vídeos.

KS. *Kill Steal.* Literalmente significa Robo de Muerte. En un PvP, los jugadores se atacan entre sí hasta agotar la línea de vida del oponente. Esto te lleva un tiempo y, normalmente, atacas repetidamente al mismo jugador hasta que consigues cargártelo. El KS ocurre cuando después de pasarte media vida intentando matar a un jugador, viene otro jugador (de tu equipo, para mayor disgusto), le da el golpe de gracia (o *Last Hit*) y es él y no tú quien se lleva la muerte y el correspondiente oro y experiencia. Cuando el KS ocurre en un rebumbio (momento en el que todos están contra todos en la misma zona) es bastante inevitable y no tiene mucha importancia, sin embargo, cuando se hace un KS adrede, el jugador merece toda la mala suerte del mundo. Sobre todo si no solo te roba una sino la famosa PENTAKILL (matar a 5 miembros del equipo contrario en un tiempo limitado de tiempo) que es lo más de lo más.

MOAR. En inglés «más». Es la manera en que El Rubius escribe la palabra *more* (más). MOAAAR!!!!!!

SALSEO. Cotilleo o morbo.

BAJA. En los juegos de acción, baja significa una muerte. Cuantas más bajas, más puntos. También denominado «la kill». Término relacionado con *shutdown*, que significa acabar con la racha de un enemigo que ha acumulado varias «kills» sin morir (esta acción viene acompañada de más recompensas).

FARM. Farmear es acumular oro, objetos y experiencia en un juego eliminando enemigos menores (no otros jugadores, sino enemigos del propio juego: súbditos), con lo cual el enemigo es el farm u objeto que te permite farmear. Principal consecuencia de farmear: LEVELEAR

CHINO FARMER. Persona que farmea muy bien.

JUGONES

Ha llegado el momento de la verdad. Ya lo sabes todo sobre tu *virtual hero* favorito, ahora… apunta alto: tú también puedes llegar a ser la caña y hacer que tu medidor de karma se parta en trocitos microscópicos que lleguen disparados al espacio interestelar. ¿No sabes cómo? Pues tan fácil como amar sin límite Pokémon. Comienza a practicar con estos juegos.

En cada página verás cuatro objetos que deben mezclase en tu cerebelo hasta crear el sketch más desternillante y disparatado de un minuto. Cuando estés preparado para enseñárselo al mundo, escríbelo primero en los renglones derechos de Dios que te hemos regalado. Lo guay es que hagas un vídeo y se lo enseñes a todos tus amigos.

Y recuerda: ¡el cielo es el límite para un buen troleo!

1.

un plumero

viejuna
la boina del abuelo

una botella vacía de agua

calcetín
sucio, aggg

Consejo: ponte una pinza en la nariz para manejar el calcetín con soltura.

Sabías que... la expresión «se te ve el plumero» hace referencia al penacho de plumas que lucía la Milicia Nacional española en 1812. Los políticos utilizaban esa locución en tertulias y debates de la época.

_____
_____
_____
_____
_____
_____
_____
_____
_____
_____
_____
_____
_____
_____
_____
_____
_____
_____

2.

bufanda

cucurucho

pasta
de dientes

peine

Sabías que... los gatos pueden percibir olores también con la boca gracias al llamado órgano de Jacobson, situado en su interior.

Consejo: pídele el peine sin púas a un calvo. Si es amigo tuyo, no esperes que lo siga siendo.

96

3.

cucharilla

taza de desayuno

confeti azul turquesa

Consejo: Las cucharillas colocadas en la nariz resultan muy favorecedoras para darle vidilla a un selfi aburrido.

Sabías que... la primera versión comercial de la manta con mangas se denominó Freedom Blanket (manta de la libertad).

4.

bolas de Navidad

cinta aislante

papel higiénico

un chicle

bien mascado, please

Consejo: la cinta aislante no debe ser usada por personas poco sociables. Como alternativa, el celofán.

Sabías que... el papel higiénico ya era conocido en China desde siglo II a. C.

———————————————————————
———————————————————————
———————————————————————
———————————————————————
———————————————————————
———————————————————————
———————————————————————
———————————————————————
———————————————————————
———————————————————————
———————————————————————
———————————————————————
———————————————————————
———————————————————————
———————————————————————
———————————————————————

100

5.

cubo

200 gr.
de chóped

cartón
grasiento de una
pizza XXL

unas aletas de buzo
adornadas con
10 pompones

Consejo: no comas chóped y pizza barbacoa en el mismo día. Los pompones pueden salir volando.

Sabías que... los marineros franceses fueron los primeros en utilizar el pompón rojo en sus gorras con el fin de protegerse la cabeza.

101

6.

mantel a cuadros rojos

palita de playa

5 hielos

collar hecho con 100 clips

Consejo: cuida que el collar esté hecho con clips de colores, serás la envidia de tu barrio.

Sabías que... el estadounidense Frederic Tudor fue el primer empresario que vendió agua congelada en 1820 en el Caribe.

_____
_____
_____
_____
_____
_____
_____
_____
_____
_____
_____
_____
_____
_____
_____
_____

7.

redecilla del pelo

algodones a discreción

foto reciente de tu mascota

espátula de cocina

Consejo: si tienes un gato, dale de comer antes de ponerte a hacer el chorra..., por si la cosa se alarga.

Sabías que... las mascotas dan tanta felicidad como la que nos proporcionan nuestros mejores amigos.

105

8.

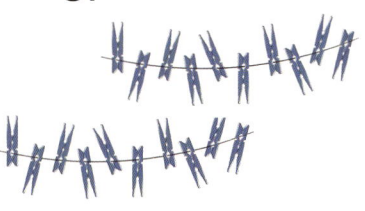

20 pinzas de la ropa

colador grande

guantes de jardinería

peluche

Consejo: asegúrate de que el peluche no esté en uso y disfrute de un menor de 7 años. Cuidadín: los troleos infantiles son temidos en la galaxia entera.

Sabías que... nadie sabe el origen de la expresión «se te va la pinza».

9.

cubo de Rubik

helecho de plástico

hula-hop

el gato chino que hace «así» con la mano

Consejo: no acerques mucho el gato chino al ratón de tu ordenador.

Sabías que... hasta la fecha se han vendido 350 millones de cubos de Rubik.

10.

una armónica lo más desafinada posible

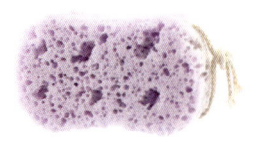

esponja de baño

pica-pica a discreción

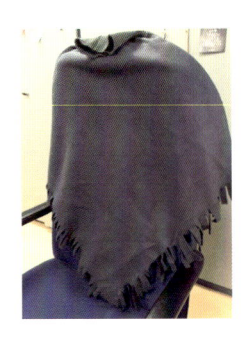

un jersey convertido en capa

Consejo: guarda los tapones de los oídos que tengas en casa para que el efecto de tu música impresione más.

Sabías que... Superman no volaba en sus primeros cómics, ni llevaba capa voladora, sino que saltaba a enormes distancias.

AGRADECIMIENTOS

Doy las gracias a mi editora, Verónica Fajardo; a Carmen y a Pablo, mi conexión *gamer* gallega y una ayuda inestimable para escribir este libro. Gracias también a todos los que han participado con sus testimonios.